CORPVS
SCRIPTORVM ECCLESIASTICORVM
LATINORVM

EDITVM CONSILIO ET IMPENSIS
ACADEMIAE SCIENTIARVM AVSTRIACAE

VOL. LXXXVII

EVGIPPII REGVLA

EDIDERVNT

FERNANDVS VILLEGAS ET
ADALBERTVS DE VOGÜÉ

VINDOBONAE
HOELDER-PICHLER-TEMPSKY
MCMLXXVI

CORPVS SCRIPTORVM ECCLESIASTICORVM LATINORVM

EDITVM CONSILIO ET IMPENSIS
ACADEMIAE SCIENTIARVM AVSTRIACAE

VOL. LXXXVII

EVGIPPII REGVLA

EDIDERVNT
FERNANDUS VILLEGAS ET
ADALBERTVS DE VOGÜÉ

VINDOBONAE
HOELDER-PICHLER-TEMPSKY
MCMLXXVI

EVGIPPII REGVLA

EDIDERVNT

FERNANDVS VILLEGAS ET
ADALBERTVS DE VOGÜÉ

VINDOBONAE
HOELDER-PICHLER-TEMPSKY
MCMLXXVI

ISBN 3-209-00174-x

VINDOBONAE

Ex officina typographica Ernesti Becvar

INDEX

PRAEFATIO

I. De Eugippio eiusque Regula

Eugippium abbatem Lucullanensis oppidi prope Neapolim siti tres scripsisse libros nobis compertum est. Quorum unus, teste Cassiodoro[1], praeclarus est ille codex Excerptorum ex operibus sancti Augustini[2], cuius momentum ad dinoscendum genuinum doctoris Hipponensis textum nemo est qui ignoret. Ceteros autem, scilicet Commemoratorium de vita sancti Severini[3] et Regulam monachis consistentibus in monasterio sancti Severini dedicatam, Isidorus Hispalensis memoravit[4]. Sed cum Excerpta Augustiniana Vitaque Severini multis codicibus manuscriptis tradita essent ac pluries typis mandata, Regula monachorum usque ad dies nostros ita delituit, ut ab omnibus litterarum antiquarum peritis pro perdita haberetur.

Novissime vero quibusdam doctis contigit ut eam non aliam esse suspicarentur quam collectionem quandam excerptorum e scriptis monasticis in vetustissimo codice Parisiensi latino 12634 asservatam[5]. Quam coniecturam verisimillimam

---

[1]) Cassiodorus, Inst. 23, 1.

[2]) Ed. P. Knöll, Vindobonae 1885, CSEL VIIII/I.

[3]) Ed. P. Knöll, Vindobonae 1886, CSEL VIIII/II. Vide etiam R. Noll, Eugippius, Das Leben des Heiligen Severin, Berlin 1963.

[4]) Isidorus, De viris illustribus 26, 34. Ad recensionem brevem, hoc est operam Isidori genuinam, pertinet capitulum istud de Eugippio. Vide C. Codoñer Merino, El „De viris illustribus" de S. Isidoro de Sevilla, Estudio y edición crítica, Salamanca 1964 (Theses et Studia Philologica Salmanticensia XII), in cuius editione sub n° XIII recensetur (p. 141).

[5]) Cf. I. Schuster, Storia di San Benedetto e dei suoi tempi[3], Viboldone 1953, p. 293; L. Verheijen, La Règle de saint Augustin, I, Paris 1967, p. 116; A. de Vogüé, Scholies sur la Règle du Maître, in Revue d'Ascétique et de Mystique 44 (1968), p. 134, n. 71.

esse nuper ostendimus ex comparatione collectionis huius Parisiensis cum utroque opere Eugippii certe authentico[6].

Etenim nec paucae nec parvae exstant similitudines inter illam et Excerpta Augustiniana, cum eandem singularem prorsus venerationem erga Augustinum exhibeat, cum eodem modo non a mero excerpto, sed ab opera quadam integra consulto incipiat, cum caritatem fraternam similiter et incipiendo et finiendo extollat, cum denique pari ratione utatur auctor sive in breviandis coniungendisque textibus fontium, sive in inscribendis capitulorum titulis, sive in componenda totius operis serie. Quarum etiam similitudinum nonnullae adeo praecisae ac subtiles inveniuntur, ut vix dubitari possit quin una eademque mens et Excerpta ex operibus Augustini et Excerpta illa Parisiensia formaverit.

A Vita quidem sancti Severini Excerpta Parisiensia iam ipso genere litterario multo longius distant. Nec tamen desunt nexus inter duos libros, cum utrimque vel oratio perpetua specialiter commendetur vel societas vitae communis.

Quibus perpensis, cum maxima probabilitate concludi potest florilegium Parisiense eidem auctori ac Excerpta sancti Augustini Vitamque sancti Severini ascribi debere, Eugippio nempe abbati Lucullanensi. Quem cum, Isidoro teste, Regulam scripsisse monasterio suo noverimus, paene certum est Excerpta nostra hanc esse Regulam. Non enim purum florilegium textuum pristinorum exhibet codex Parisiensis, sed veram ac propriam regulam pro monachis compositam, ut ostendunt mutationes in textibus fontium consulto factae ad aptandum sermonem Patrum observantiae monasticae quae in monasterio illo tunc vi-

---

6) A. de Vogüé, La Règle d'Eugippe retrouvée?, in Revue d'Histoire de la Spiritualité 47 (1971), p. 233—265. Non igitur assentiendum est opinioni Augustini Genestout, qui opus Aridio cuidam a Gregorio Turonensi, Hist. Franc. 10, 29 memorato ascribebat. Vide commentariolum eius Le plus ancien témoin manuscrit de la Règle du Maître, le Parisinus lat. 12634, in Scriptorium 1 (1946—1947), p. 129—142.

gebat[7]. Sed antequam de indole ac tempore Regulae Eugippianae loquamur, pressius inspiciendus est ipse codex Parisiensis, qui hodie huius operis testis exstat unicus.

II. De codice Parisiensi latino 12634 (E)

Non quidem nobis in animo est de modo scribendi atque litteras ornandi, de paginis ac quaternionibus et de ceteris, quae ad codicologiam spectant, in praesenti disputare. Quae cum ante annos viginti ab auctoribus editionis diplomaticae Regulae Magistri optime exposita sint[8], ad eorum commentaria remittendus est lector. Sufficit ut dicamus codicem scriptum esse, ut videtur, in Italia meridionali circa annum Domini sescentesimum[9], hoc est in ipsa regione ubi vixit Eugippius et saeculo post eius mortem nondum elapso.

Secunda pars codicis, quae nostram exhibet Regulam, foliis 9^r—77^v continetur. Cum Excerpta e diversis auctoribus comprehendat, siglo E a praefatis editoribus Magistri insignita est. Quod tanto libentius nos retinemus, quanto felicius cum initio nominis auctoris a nobis detecti, Eugippii nempe, contingit ut congruat.

Ex abrupto incipit liber ac sine titulo, a primis verbis Regulae sancti Augustini, qua capitulum primum constituitur. Proinde totum opus anonymum est. Anonyma etiam sunt singula capitula, excepto primo, quod cum verbis **Expl. Regula Sci Agustini Episc.** desinit (fol. 20^r). Nec tamen ullus textus est

---

[7]) Quod pluries tam ab A. Genestout quam a nobis animadversum est. Vide inter alia A. de Vogüé, La Règle du Maître, I, Paris 1964 (Sources Chrétiennes 105), p. 129—132.

[8]) H. Vanderhoven-F. Masai-P. B. Corbett, La Règle du Maître, Édition diplomatique des manuscrits 12205 et 12634 de Paris, Bruxelles-Paris 1953, p. 26—36. Vide etiam A. Genestout, art. cit.

[9]) Cf. A. de Vogüé, La Règle du Maître, I, p. 127, n. 1.

qui auctori seu operi bene noto ascribi nequeat. Praeter
Augustinum, qui praecipuum honoris locum obtinet, reperiuntur Basilius, Pachomius, Novatus, Cassianus, Hieronymus,
Regula Quatuor Patrum et Regula Magistri. Quae ultima a
nobis memoratur, primas vero partes sibi vindicat ratione
amplitudinis textuum quos ab ipsa florilegium mutuatur, cum
fere dimidium totius operis impleant[10].

De numero capitulorum aliquatenus ambigitur, quia nec
tabula capitulorum exstat in codice, nec numeri singulis titulis
praefixi sunt, nec semper eodem modo excerptorum signatur
initium. A. Genestout secuti primum XLVI excerpta
praeter Augustini Regulam numeravimus[11]. Sed codice accu-
ratius inspecto, XLII tantum capitula, inclusa Regula Augustiniana, hodie distinguimus. Cum autem numeratio pristina
saepius in commentariis de nostro codice adhibita sit, operae
pretium est ut elenchum instruamus, quo a vetere illo ordine ad
hunc novum sine labore transire liceat, simul etiam primus
totius operis conspectus detur (vide p. 5 et 6).

Statuta igitur serie capitulorum, nunc dicendum est,
qualis ratio ad definienda capitula adhibita sit. Nonnumquam,
certe uti primo conspectui patet, textus diversi sub uno
capitulo congregantur (2; 3; 27). Capitula enim nostra non
secundum distinctionem fontium discernuntur, ita ut singuli
textus singulos indices obtineant, sed secundum ipsum distin-
guendi modum quo scriptor codicis usus est. Haec quippe
signandis capitulis adhibita ratio, cum satis certa atque con-
stans sit, ipsi auctori operis, Eugippio scilicet, sine temeritate
ascribi potest.

---

[10]) A. de Vogüé, Nouveaux aperçus sur une Règle monastique du VIe
siècle, in Revue d'Ascétique et de Mystique 41 (1965), p. 19—54, specialiter
p. 22—23.
[11]) A. de Vogüé, Nouveaux aperçus, p. 20—22. Cf. La Règle d'Eugippe
retrouvée ?, p. 258, n. 125.

Codicis paginae	Excerptorum fontes	Ordo vetus	Ordo novus
9ʳ	Augustinus, Ordo Monasterii		1
10ᵛ	— , Praeceptum		—
20ʳ	Regula IV Patrum 3	1	2
20ᵛ	Regula Magistri 16	2	—
21ᵛ	Basilius, Regula 103	3	3
21ᵛ	— , — 104	4	—
21ᵛ	— , — 106	5	—
22ʳ	Regula Magistri 17	6	—
22ʳ	Basilius, Regula 67	7	4
22ᵛ	— , — 68	8	5
23ʳ	— , — 70	9	6
23ᵛ	— , — 95	10	7
23ᵛ	— , — 99	11	8
24ʳ	— , — 101	12	9
24ᵛ	— , — 102	13	10
24ᵛ	— , — 122	14	11
26ʳ	— , — 28	15	12
26ᵛ	— , — 29	16	13
27ʳ	— , — 43	17	14
27ʳ	— , — 44	18	15
27ʳ	— , — 53	19	16

27ᵛ	Regula Magistri 5	20	17
28ʳ	— 7	21	18
33ʳ	— 54	22	19
33ᵛ	— 55	23	20
34ᵛ	— 73	24	21
36ʳ	— 30	25	22
38ʳ	— 74	26	23
38ʳ	— 47	27	24
39ᵛ	— 2	28	25
41ʳ	Pachomius, Regula 159	29	26
42ʳ	Regula Magistri 1	30	27
45ʳ	— Ths	31	—
45ᵛ	— 10	32	28
53ᵛ	Novatus, Sententia	33	29
59ʳ	Cassianus, Conlatio 12, 2	34	30
60ʳ	— , — 12, 7	35	31
60ᵛ	— , Institut. 4, 9	36	32
61ʳ	— , — 4, 39—43	37	33
64ᵛ	— , — 2, 15—16	38	34
66ʳ	— , — 3, 7	39	35
67ʳ	— , — 4, 12	40	36
67ᵛ	— , — 4, 16	41	37
68ᵛ	— , — 4, 18	42	38
69ᵛ	Regula Magistri 12	43	39
—	— 13	44	40
73ʳ	Basilius, Regula 3	45	41
76ᵛ	Hieronymus, Epistula 125	46	42

Itaque in codice nostro praeter primum singula capitula
suis titulis insigniuntur. Qui omnes, uno excepto (15, t.), in
initio lineae a littera maiuscula in margine posita incipiunt,
atque duobus exceptis (2, t. et 15, t.) litteris rubris scripti sunt
sive ex integro, sive ex parte. Praeterea, sex tantum exceptis
(2.3.7.11.14.37, t.), quodam responsionis signo textum capituli
introducente tituli finiuntur, quod quattuor modis vix inter se
differentibus scriptum est, nempe R̸DN̄S (17, t.), R̄SP DN̄S (18,
t.), R̄ĒSP (4, t. ; 40, t.) et R̄SP (cett.)[12]. Denique ipse textus
sequens semper a littera maiuscula incipit, quae paucis exceptis (5.6.17.31, t.) in margine posita est[13].

Quae quidem quattuor notae non omnes simul in principio
omnium capitulorum inveniuntur. Verumtamen principium
capituli nullum est, quod non duabus saltem aut tribus notis
insignitum sit. Exempli gratia, capitulum 15 nec rubricatum,
nec ab initio lineae incipientem habet titulum, sed signum
responsionis rubrum (R̄SP) post titulum exhibet, quod sequitur textus incipiens in initio lineae et a maiuscula in margine
scripta. Interdum etiam adest nota quaedam insolita, quae
absentiam consuetarum suppleat, sicut in capite 2, cuius
titulus rubrica et signo responsionis caret, prima nihilominus
linea textus rubricata est, ut nihil dicamus de immensa rubrica
Expl. Regula S̄ci Agustini Ēpisc., quae ipsum titulum praecedit
et luce clarius verba sequentia capitulum novum aperire
indicat.

Sive igitur hoc modo, sive alio, ubique singulorum initium
capitulorum sufficienter signatum est. Proinde secuti
amanuensem codicis ipsumque, ut putamus, operis auctorem
Eugippium, quadraginta duo capitula distinximus.

---

[12]) Adest etiam signum responsionis r̄s̄p aberrans in medio textu fol. 61ᵛ,
lin. 10. Vide apparatum codicis ad **33, 3**.

[13]) Saepius quidem ac fere indifferenter litterae in margine scriptae sunt,
ita ut illa nota per se et sola nihil ad discernenda capitula valeat. Attamen
alicuius est momenti, cum aliis notis coniungitur.

III. De indole, momento ac tempore Regulae

E supradictis iam apparet indoles Regulae Eugippianae. Cum enim e scriptorum pristinorum excerptis tota constet, nihil aliud est quam cento. Solummodo aliqua testimonia a sancta scriptura sumpta excerptis ex Regula Magistri addidit Eugippius (22, 6 ; 24, 10—11), necnon et septem brevissimas sententias in fine excerpti ex Regula Pachomii (26, 40—46). Praeterea parva quaedam mutavit sive in verbis, sive in sententiis, ut sermonem et rem alienam proprio aptaret eloquio ac proposito. Tales mutationes plerumque in titulis excerptorum inveniuntur[14], neque rarae sunt in testimoniis biblicis, cum textui sacro a fonte prolato translationem sibi magis notam saepius praetulerit Eugippius[15], vel etiam loco citato alium similem interdum substituerit (28, 19 et 80). Denique multa omisit, quod sibi sane utpote florilegii auctori licebat. Omissiones huiusmodi voluntariae intra ipsum ambitum textuum quos descripsit factae non tantum in excerptis reperiuntur Magistri, sed etiam Pachomii et Cassiani[16]. Proinde non nisi cum summa cautela adhiberi debet florilegium nostrum ad restituendum primigenium Magistri textum.

Liquet igitur humillimi generis esse operam Eugippianam. Nec tamen singularis est inter regulas monachorum antiquas, quae omnes fere plurima a praecedentibus mutuantur quarumque nonnullae, ut Regulae Pachomianae recensio brevis, Regula Orientalis et Regula Donati, vix aut nullatenus liberiori modo descripta sunt.

---

[14]) A. de Vogüé, Scholies, p. 131—134.

[15]) Si contuleris testimonia Eugippii cum Psalteriis antiquis quae edidit R. Weber, Le Psautier Romain et les autres anciens Psautiers latins, Roma 1953, mox patebit cum tribus saepius congruere nostrum, nempe Veronensi (singulariter 22, 6), Mozarabico (singulariter 24, 10; 40, 30) et Gallicano (singulariter 28, 59 et 81; 33, 32).

[16]) A. de Vogüé, Scholies, p. 135—139.

Ceterum duabus saltim rebus conspicua est haec Eugippii
Regula: amplitudine et delectu fontium. Ratione amplitudinis
inter maximas ponenda est, cum paulo sit longior quam ipsa
longissima Benedicti Regula[17], solisque Magistri ac Basilii
Regulis cedat. Fontes etiam eius maxime variae sunt ac nobi-
les, cum Augustinum, Basilium, Hieronymum, summos docto-
res, aliis minoris quidem notae, sed haud imparis in re monastica
momenti auctoribus coniungat, Pachomio, Cassiano, Novato,
Quatuor Patribus, Magistro. E quorum numero praecipue
ab Augustino et Magistro hausit Eugippius, ita ut duas doctrinas
aliquatenus diversas in sua Regula connecteret, illam scilicet
Augustinianam, quae praesertim vitam communem carita-
temque fraternam commendat, et istam Magistri, ab Aegypto
tramite Cassiano deductam, quae potius in munus hierarchiae
cenobiticae oboedientiamque superioribus praebendam insistit.

Ab illo delectu fontium maxime pendet momentum
Regulae nostrae historicum. Eugippio enim teste certum est
commixtionem factam esse sub initio sexti saeculi in illo Cam-
paniae monasterio inter traditiones varias ab Africa, Aegypto,
Oriente, Italia, Gallia oriundas. Adunatio autem haec rivulorum
undique confluentium synthesi illi prorsus similis est, quae eodem fere tempore in eadem provincia a Benedicto Casinensi
effecta est. Qui et ipse ante omnia Magistro usus est et Augustino[18], atque verba sua de schola monasterii, monachorum
generibus, abbate, oboedientia, humilitate de iisdem Magistri
capitulis decerpta ad litteram cum Eugippio communia
habet. Proinde videtur Eugippius quasi praecursor fuisse
celeberrimi illius vitae monasticae legislatoris. Num Bene-

---

[17]) Si in editionem Codicis Regularum (L. Holstenius-M. Brockie, Codex
Regularum monasticarum collectus a S. Benedicto Anianensi, I, Augustae
Vindelicorum 1759) inserta esset, Regula Eugippii circa 24 paginas dimidiamque ibidem obtinuisset, cum Regula Benedicti 22 paginas dimidiamque
in eadem editione impleat.

[18]) A. de Vogüé, La Règle de saint Benoît, I, Paris 1972 (Sources Chrétiennes 181), p. 33—39.

dictus Eugippium noverit, nescimus. Quod vero eiusdem
institutionis ac mentis fuerint, perspicuum est.

Quo tempore Eugippium putemus suam scripsisse Regulam,
ex his quae modo memoravimus iam lucet. Cum enim Magister
circa 525—530 suam absolverit operam Benedictusque propriam inter 530—560 scripserit Regulam, ab Eugippio numquam
citatam, hic opus suum circa annum 530 confecisse videtur.

Quod non ex mera coniectura proponimus, siquidem ipse
Isidorus tale tempus suggerit, compositionem Regulae cum
exitu auctoris coniungens. Sic enim de Eugippio memorat:
„Scripsit et Regulam monachis consistentibus in monasterio
sancti Severini, quam eisdem moriens quasi testamentario iure
reliquit"[19]. Scimus autem Eugippium Severino morienti utpote
monachum eius adstitisse (482)[20], anno vero 511 iam abbatem
fuisse[21], annoque 527 aut 532 litteras a Ferrando diacono accepisse[22]. Cum ulterius nulla de eo praeter epistulam Ferrandi
altera notitia supersit[23] eumque iam grandaevum fuisse
constet, vix post annum 535 mors eius collocanda est. Si ergo
non multo ante exitum Regulam scripsit, quam „moriens
quasi testamentario iure relinqueret", consentaneum est

---

[19]) Isidorus, De viris illustribus 26, 34. Cf. Paschasius, Ep. ad Eugippium 5
(apud R. Noll, p. 46, 25): „hereditario iure".

[20]) Eugippius, Vita Severini 43, 9: „nobis". De vita eius vide M. Büdin-
ger, Eugipius, eine Untersuchung, in Sitzungsberichte der philos.-histor.
Klasse der k. Akademie der Wissenschaften, XCI, Wien 1878, p. 793—814.

[21]) Eugippius, Ep. ad Paschasium 1 (apud R. Noll, p. 40, 6): „Ante hoc
ferme biennium, consulatu scilicet Inportuni". E Vita Severini 37, 1 patet
Eugippium tunc abbatem fuisse.

[22]) Ferrandus, Ep. dogmatica adversus Arianos („Unde subito"), PLS IV,
22—36. Ex initio eruitur Eugippium tunc primum scripsisse ad Ferrandum,
e fine autem occasionem exstitisse scribendi Fulgentii mortem. Qui kalendis
Ianuarii obiit sive anni 532, ut cum aliis contendit G. Lapeyre, S. Fulgence
de Ruspe, Paris 1929, p. 323—327, sive anni 527, ut putant auctores recentiores
citati a J. Fraipont in Praefatione ad Opera Fulgentii, CCSL XCI, p. V, n. 1.

[23]) Ferrandus, Ep. 4, PLS IV, 38 („Ita saepius"). Gaudet Ferrandus
„saepius" se litteras accepisse ab Eugippio, eoque petente mittit campanam,
qua monachi ad officium vocentur.

eum circa 530—535 regulam composuisse. Quod tempus cum termino ab usu Regulae Magistri praefinito optime congruit.

IV. De huius editionis ratione

Ab indole talis operis tota textus edendi pendet ratio. Cum enim Regula nostra nihil aliud sit quam cento, summopere interest ut textus cum fontibus claro et praeciso modo conferatur. Cavere tamen debet editor, ne ad normam editionum Augustini, Basilii, Magistri et aliorum codicem praepropere corrigat, siquidem constet auctorem cum mutationes bene deliberatas nonnumquam fecisse, tum codices in manibus habere potuisse, qui textus fontium aliquanto diversos ab illis qui nobis noti sunt praeberent. Accedit difficultas ex ipso codice profluens, qui et unicus est et corruptissimus. Proinde non modice laborat qui textum constituere vult, cum saepissime neque codex neque fontes quis tramis eligendus sit ostendant.

In hac ergo editione enisi sumus ut ipsa verba codicis quam plurimum servaremus, etiam cum a fontibus diverterent et genus dicendi sensumque deteriorem exhiberent. Quae toties religiose retinuimus, quoties vel minima possibilitas adesset sententias codicis utcumque capiendi easque Eugippio tribuendi. Minus stricte tamen hanc normam secuti sumus in aliquibus locis, ubi textus codicis, quamvis non omni prorsus sensu carens, ex quadam facili amanuensibusque consuetissima menda, sicut haplographia vel dittographia, profluxisse poterat.

In dinoscendo genuino auctoris sermone, non solarum editionum criticarum rationem habuimus, sed etiam, quantum copia fuit, diversorum codicum manuscriptorum, qui textus fontium repraesentant. Quibus perspectis nonnullas lectiones per se absurdas retinere potuimus, tamquam certissime ab ipso Eugippio susceptas. Ita exempli gratia verbum **pedibus** (20, 2), quod in quodam loco Magistri (RM 55, 2) omnino false pro **passibus** scriptum est, etiam in codice Regulae Magistri

2

Parisiensi latino 12205 (P) legitur, ac proinde in ipso codice
quem Eugippius describendum curavit sine dubio reperiebatur.
Haud secus coniunctio **et** (41, 68), quae perperam loco pro-
nominis **haec** in quandam Basilianam irrepsit sententiam
(Basilius, Reg. 3), nequaquam corrigenda est, quippe quae
pariter in quinque codicibus Basilii (ILSPZ) pro genuina stat
lectione, quorum nimirum codex Eugippio notus affinis fuit.
Quas de singulorum lectionibus codicum disquisitiones,
quamvis a nobis sedulo factas, in apparatum fontium introdu-
cere non visum est, ne obscuritatem ac perplexitatem utenti-
bus generarent. In quo apparatu illae solummodo lectiones
variae adnotatae sunt, quae in critico editionum a nobis
usurpatarum textu leguntur. Unde nonnumquam evenit ut
discrepantia inter E et ceteros codices prorsus non appareat,
nempe cum textus criticus lectionem ab E exhibitam contra
ceterorum testimonium susceperit.Sic in apparatu ad 28, 14
non declaratur verbum **hoc** (post **nobis**) in codicibus P et A
Regulae Magistri adesse, consonante cum lectione Eugippiana
textu critico istius Regulae. Quod tamen nonnisi rarissime
accidit. Saepius quidem reticentur consensus ac discrepantiae
valde notabiles inter E et codices fontium sive singulos sive
plures. Quas omnes adnotare placuisset, nisi praefata claritatis
ac simplicitatis cura obstitisset. Non tamen illis privabitur, quisquis apparatus singularum editionum criticarum adire voluerit.

Pro plerisque fontibus editiones criticae tales iam suppe-
tebant, quales apparatui nostro convenire poterant. De
Augustino videlicet ac Magistro, Pachomio, Hieronymo,Cas-
siano et Quatuor Patribus nequaquam eramus solliciti. At
contra Basilii et Novati editio deest huiuscemodi. Peroppor-
tune autem contigit ut editionem Regulae Basilianae Henricus
Ledoyen monachus Maredsolanus pararet. Qui summa beni-
gnitate quaestiones ab Eugippio descriptas sine mora recen-
suit et textum apparatumque criticum nobis praestitit, unde
maximam ei gratiam ut referamus par est. Sententiam vero
Novati, cum nemo critice recensuisset aut recensendam curaret,

proprio labore edendam statuimus et plurimis codicibus recensitis in commentario Revue Bénédictine iam edimus.

Ante apparatum fontium alium instruximus, quo‸lectiones codicis E a textu critico discrepantes continerentur. In quo etiam correctiones indicavimus, quae nisi nota speciali posteriori manui (**post. m.**) adscribantur, ipsi primae manui (**pr. m.**) aut saltem cuidam in ipso scriptorio originario corrigenti tribuendae sunt. Itaque apparatus ille primus omnes prorsus lectiones codicis varias exhibet. E contrario apparatus fontium cunctas quidem discrepantias ad ipsum textum pertinentes praebet, non vero illas quae ad meram orthographiam spectant, sicut **apud** pro **aput**, **adinplere** pro **adimplere**, **adrogantia** pro **arrogantia** et similia. Ridiculum enim esset, si editionum modernarum orthographiam, quae ad certas normas castigata est, cum orthographia nostra regulas aliquanto diversas sequente contulissemus. Igitur in primo apparatu critico nihil omnino praetermissum est, non vero in secundo.

His duobus etiam alium praemisimus apparatum, quo loca citata allusionesque indicarentur. Animadvertendum est tamen solummodo testimonia sanctae scripturae et apocryphorum paucorum accurate laudata atque allusiones ad eosdem sacros libros pertinentes esse notatas, non vero illa quae auctor excerpti quilibet ab auctore pristino tacite mutuatus est. Exempli gratia neque in textu neque in apparatu a nobis indicata sunt ea quae in RM 10, hoc est E 28, a Cassiano vel Passione sancti Sebastiani profluxerunt.

Superest ut nonnulla de textu critico addamus. Quantum fieri potuit, pristinarum editionum rationem servavimus, sive quod attinet ad paragraphorum dispositionem sive sententiarum interpunctionem. Numeros tamen ad signandas textuum divisiones in editionibus usurpatos retinere visum non est, cum propter plurimam rationum diversitatem a variis editoribus excogitatarum, tum quia Eugippius nonnulla praetermisit vel addidit, quibus pristinus numerorum ordo esset perturbatus. Itaque placuit ut unus dividendi numerandique modus per

totam Regulam Eugippianam statueretur, quem ad instar
editionum Regulae Benedicti et Regulae Magistri recentium
divisioni sacrae scripturae prorsus similem fecimus. Omnia
igitur capitula in brevissimas sectiones seu „versiculos" (vv)
divisa sunt, quibus singuli numeri praefixi sunt super lineam
scripti.

Orthographia codicis E constantior est quam de tali
amanuensi exspectasses. Praeter litteras confusas u et b, e et ae,
atque finalem m omissam vel superflue additam pauca correxi-
mus. Quando de quocumque verbo aut phaenomeno, ceu
assimilatione vel dissimilatione praefixorum, codex non sibi
constat, illam formam ubique scripsimus, quae plerumque
in codice occurrit[24]. Cum autem verbum bis tantum occurrens
duobus modis scriptum est, modum delegimus sive sermoni
classico, sive generali codicis propensioni, dummodo haec
exstaret, magis conformem. Ceterum formas a nobis reiectas
philologus quilibet tam in apparatu codicis reperiet quam in
indice orthographico a nobis digesto et post textum collocato.

Paginas codicis in margine textus adnotavimus. In initio
excerptorum ante titulum unumquemque capitulorum numeros scripsimus, quos inter uncos collocavimus, ut in ipso codice
illos deesse semper lector commoneretur. Item tabulam capitulorum, quam textui nostro, adiunctis fontibus, praemisimus,
nec ipsam codici inesse commonemus.

Huius editionis procurandae laborem, cum ipse diversis
praepeditus occupationibus amplecti non valerem, Ferdinan-
dus Villegas confrater a me rogatus suscepit, strenue prosecu-
tus est meque adiuvante perfecit. Quapropter ei qui animum,
vires, tempus est largitus, Deo ex toto corde gratias agimus.

In monasterio Petrae Gyrantis, mense Iulio anno
MCMLXXIV.

                                   Adalbertus de Vogüé

---

[24]) Non tamen ad unam formam redegimus pronomen masculinum in
nominativo *is* (9, 4) vel *his* (3, 3.6; 8, 2; 41, 32), cum ipse textus Basilianus
ab H. Ledoyen commodatus utramque praeberet formam.

Regulae Eugippii codex unicus

E = Parisiensis latinus 12634, saec. VI ex., fol. 9—77

Cuius lectiones variae in apparatu superiori collocatae sunt.

Fontium editiones a nobis adhibitae

Augustinus, Regula, ed. L. Verheijen, La Règle de saint Augustin, Paris 1967, Etudes Augustiniennes I.

Basilius, Regula a Rufino versa, ed. H. Ledoyen, Maredsous, pro manuscripto.

Cassianus, Conlationes, ed. M. Petschenig, Vindobonae 1886, CSEL XIII. Institutiones, ed. M. Petschenig, Vindobonae 1888, CSEL XVII.

Hieronymus, Epistulae, ed. I. Hilberg, Vindobonae 1918, CSEL LVI.

Novatus, Sententia, ed. F. Villegas, in Revue Bénédictine LXXXVI, Maredsous 1976.

Pachomius, Regula, ed. A. Boon, Pachomiana Latina, Louvain 1932, Bibliothèque de la Revue d'Histoire Ecclésiastique VII.

Regula Magistri, ed. A. de Vogüé, La Règle du Maître, Paris 1964, Sources Chrétiennes CV—CVI.

Regula Quatuor Patrum, ed. J. Neufville, in Revue Bénédictine LXXVII, Maredsous 1967, 72—91.

Quarum lectiones variae in apparatu inferiori collocatae sunt.

CAPITVLA CVM FONTIBVS

I Regula Augustini.

Vv. 1—29 Ordo Monasterii; vv. 30—154 Prae-
ceptum.

II De cellario, qualis debeat esse.

Tit. ex Regula Magistri XVI; vv. 1—8 ex Regula
IV Patrum (XII) 3, 24—31; vv. 9—25 ex Regula
Magistri XVI 11—14; 25—37.

III Quomodo debent hii qui operantur uel qui praesunt curam gerere ferramentorum utensilium
eorum de quibus operantur ?

Tit. usque ad v. 8 ex Regula Basilii, interrogatio
CIII; CIIII; CVI; vv. 9—16 ex Regula Magistri
XVII 1—8.

IIII Si qui non contentus cottidie sibi aliquid iniungi
de his quae pro mandato dei incidunt, sed artificium uult discere, quali uitio aegrotat, aut si
oportet ei adquiescere ?

Ex Regula Basilii, interrogatio LXVII.

V Si qui industrius sit et promptus ad implenda
mandata, agat autem non quod iniungitur, sed
quod ipse uult, quam mercedem habet ?

Ex Regula Basilii, interrogatio LXVIII.

VI Si iniunctum fuerit aliquid fratri, et contradixerit,
postea autem sua potestate abierit.

Ex Regula Basilii, interrogatio LXX.

VII Quali affectu oportet accipere uel uestimentum
uel calciamentum qualecumque fuerit ?

Ex Regula Basilii, interrogatio XCV.

XVII Quae est materies uel causa malorum, quae in
fornace timoris dei excoqui debent, uel quae est
erugo uel sordities uitiorum, quam de nobis debet
lima iustitiae emundare ?
Ex Regula Magistri V.

XVIII De oboedientia discipulorum, qualis debeat esse.
Ex Regula Magistri VII tit. —15; 20—74.

XVIIII Cum hora diuini officii aduenerit, mox debere
fratrem ad oratorium festinare.
Ex Regula Magistri LIIII.

XX De quot passibus frater, relicto labore, ad oratorium debeat occurrere.
Ex Regula Magistri LV tit. —6; 8—11; 13—18.

XXI De fratribus qui ad opus dei tarde occurrunt.
Ex Regula Magistri LXXIII.

XXII Post conpletorios neminem debere loqui.
Ex Regula Magistri XXX tit.; 8—30.

XXIII Refrenari debere liberum arbitrium fratrum.
Ex Regula Magistri LXXIIII.

XXIIII De disciplina psallendi.
Ex Regula Magistri XLVII tit. —22; 24.

XXV Qualis debeat esse abba.
*Ex Regula Magistri II tit. —10; 23—25; 32—34;
37—40; 51.*

XXVI Qualis debeat esse praepositus.
*Ex Regula Pachomii CLIX (Praecepta et Instituta
18).*

XXVII De generibus uel ordine et actus et uita monachorum in coenobiis.
*Ex Regula Magistri I tit. —15; 72—92; Ths 40—
46.*

XXVIII De doctrina discipulorum et gratia humilitatis et
profectus in deo quibus modis adquiritur uel ad-
quisita seruatur.
Ex Regula Magistri X tit.—14; 16; 18—38; 40—45;
48—122.

XXVIIII Item de humilitate et oboedientia et de calcanda
superbia.
Nouati Sententia.

XXX De expugnatione libidinum et gradibus castis,
uel quomodo ad puritatem [munditiam] castitatis ueniatur.
Ex Conlationibus Cassiani XII 2, 1—3; tit. ex
Cap. Conl. XII 7.

XXXI Sex gradibus, licet multa a se inuicem sublimi-
tate distantibus, fastigia castitatis praecelsa
distinguam.
Ex Conlationibus Cassiani XII 7, 2—4.

XXXII Qui suggestiones cupit inimici destipare, debet
sine confusione omnes suo seniori confiteri.
Ex Institutionibus Cassiani IIII 9; tit. ex Cap.
Inst. IIII 9.

XXXIII Quo ordine quis ad perfectionem ualeat peruenire,
per quam de timore dei ad caritatem consequenter ascendatur.
Ex Institutionibus Cassiani IIII 39, 40, 41, 42,
43; tit. ex. Cap. Inst. IIII 39.

XXXIIII De obseruatione et disciplina regulae constitutae,
et quod nullus sermocinandi aut orandi habeat
licentiam cum eo qui ab oratione suspenditur, ne
simul cum eo in reatu deputetur.
Ex Institutionibus Cassiani II 15—16; tit. ex Cap.
Inst. II 16.

EVGIPPII REGVLA

[I]

¹ Ante omnia, fratres karissimi, diligatur deus, deinde et f^o9 proximus, quia ista sunt praecepta principaliter nobis data.

²Qualiter autem nos oportet orare uel psallere describimus, ³id est, in matutinis dicantur psalmi tres: sexagesimus secundus, quintus et octogesimus nonus; ⁴ad tertiam psalmus ad respondendum dicatur, deinde antifanae duae, lectio et conpletorium; simili modo sexta et nona; ⁵ad lucernarium autem psalmus responsorius unus, antifanae quattuor, item psalmus unus responsorius, lectio et conpletorium. ⁶Et tempore oportuno post lucernarium, omnibus sedentibus, legantur lectiones; post haec autem consuetudinarii psalmi ante somnum dicantur. ⁷Nocte autem orationes, mense nouembri, decembri, ianuario et februario, antifanae | duodecim, psalmi f^o9v sex, lectiones tres; ⁸martio, aprili, septembri et octobri, antifanae decem, psalmi quinque, lectiones tres; ⁹maio, iunio, iulio et augusto, antifanae octo, psalmi quattuor, lectiones duae.

¹⁰Operentur a mane usque ad sextam, et a sexta usque ad nonam uacent lectioni, et ad nonam reddant codices; ¹¹et postquam refecerint, siue in horto, siue ubicumque necesse fuerit, faciant opus usque ad horam lucernarii.

I 1 cf. Mt 22, 37—40

I 4 tertia   6 somnium   10 ad sexta | nona *(bis)* | redeant

---

I 1—29: **Ordo Monasterii**
4 psalmus] prius psalmus unus | antiphonae   5 antiphonae   7 nocte] nocturnae | antiphonae   8 antiphonae   9 antiphonae

¹²Nemo sibi aliquid suum uindicet proprium, siue in uestimento, siue in quacumque re: ¹³apostolicam enim uitam optamus uiuere.

¹⁴Ne cum murmurio aliquid faciat, ut non simili iudicio murmuratorum pereat.

¹⁵Fideliter oboediant, patrem suum honorent post deum, praeposito suo deferant sicut decet sanctos.

f⁰ 10   ¹⁶Sedentes ad | mensam taceant, audientes lectiones. ¹⁷Si autem aliquid opus fuerit, praepositus eorum sit sollicitus. ¹⁸Sabbato et dominica, sicut constitutum est, qui uolunt uinum accipiant.

¹⁹Si opus fuerit ad aliquam necessitatem monasterii mitti, duo eant. ²⁰Nemo extra monasterium sine praecepto manducet neque bibat; non enim hoc ad disciplinam pertinet monasterii. ²¹Si opera monasterii mittantur fratres uendere, sollicite obseruent ne quid faciant contra praeceptum, scientes quia deum exacerbant in seruis ipsius; ²²siue aliquid emant ad necessitatem monasterii, sollicite et fideliter ut serui dei agant.

²³Otiosum uerbum aput illos non sit. ²⁴A mane ad opera sua sedeant. Post orationes tertiae eant similiter ad opera sua. ²⁵Non stantes fabulas contexant, nisi forte aliquid sit f⁰ 10v pro animae | utilitate, ²⁶sed sedentes ad opera taceant, nisi forte necessitas operis exegerit, ut loquatur quis.

²⁷Si quis autem non omni uirtute, adiuuante misericordia domini, haec conatus fuerit implere, contumaci uero animo

---

12—13 cf. Act 4, 32   14 cf. Nm 14, 1—37

---

15 honorent] honorem   16 mensa   18 constitum   20 hoc] haec
21 operam | sollicitae | exaceruant   22 ement | sollicitae   25 anima
utilitatem

---

13 apostolica | uita   14 ne] nemo   16 lectionem   26 sed *deest*

despexerit, semel adque iterum commonitus, si non emendauerit, sciat se subiacere disciplinae monasterii sicut oportet.
²⁸Si autem talis fuerit aetas ipsius, etiam uapulet.

²⁹Haec autem in nomine Christi fideliter et pie obser-
uantes, et uos proficietis, et nobis non parua erit laetitia de
uestra salute. Amen.

³⁰Haec sunt quae ut obseruetis praecipimus in monasterio
constituti.

³¹Primo, propter quod in uno estis congregati, ut *uniani-*
mes habitetis in domo, ut sit uobis *anima una et cor unum* in
deo.

³²Et non dicatis aliquid proprium, sed sint uobis omnia
communia, | ³³ut distribuatur a praeposito uestro uictum et fᵒ 11
tegumentum, non aequaliter ⟨omnibus, quia non aequaliter⟩
possitis omnes, sed potius unicuique sicut opus fuerit. ³⁴Sic
enim legitis in Actibus Apostolorum, quia *erant illis omnia*
communia et *distribuebatur unicuique sicut cuique opus erat.*

³⁵Qui aliquid habebant in saeculo, quando ingressi sunt
in monasterium, libenter illud uelint inter se commune.

³⁶Qui autem non habebant, non ea quaerant in monasterio
quae haec foris habere non potuerunt. ³⁷Sed tamen eorum

---

31 *in — congregati*, cf. Jo 11, 52 | Ps 67, 7 | Act 4, 32   **32** cf.
Act 4, 32   **33** cf. 1 Tm 6, 8 | cf. Act 4, 35   **34** Act 4, 32 et 35
37 cf. Act 4, 35

---

28 bapulet   **29** piae   **33** omnibus *usque* aequaliter *om.*
36 qui] quia

I 30—154: Praeceptum
  31 primum | uno] unum | ut²] et | deum   **33** ut] et | distribua-
tur] unicuique uestrum *add.* | uictus | possitis] ualetis | sicut] cuique *add.*
35 in² *deest* | inter se] esse   **36** haec foris habere non] nec foris ha-
bere

infirmitati quod opus est tribuatur, etiam si paupertas eorum,
quando foris erant, nec ipsa necessaria poterat inuenire. [38]Tan-
tum ⟨non⟩ ideo se putent esse felices, quia inuenerunt uictum,
qualem foris inuenire non poterant.

f⁰ 11v   [39]Nec erigant ceruicem, quia sociantur eis ad quos | foras
accedere non audebant, [40]sed sursum cor habeant et terrena
bona non quaerant, [41]nec incipiant esse monasteria diuitibus
utilia, non pauperibus, si diuites illic humiliantur et pauperes
illic inflantur.

[42]Sed rursus etiam illi qui aliquid esse uidebantur in
saeculo non habeant fastidio fratres suos quia ad illam sanctam
societatem ex paupertate uenerunt. [43]Magis autem studeant,
non de parentum diuitum dignitate, sed de pauperum fratrum
societate gloriari. [44]Nec extollantur, si communi uitae de suis
facultatibus aliquid contulerunt, [45]nec de suis diuitiis magis
superbiant, qui eas monasterio partiuntur, quam si eis in
saeculo fruantur. [46]Et quid prode est disperdere dando pauperibus et pauperem fieri, cum anima misera superbior effi-
f⁰ 12   ciatur diuitias contem|nendo, quam fuerat possidendo ?

[47]Omnes ergo unanimiter et concorditer uiuite, et hono-
rate in uobis inuicem deum, cuius templa facti estis.

[48]Orationibus instate horis et temporibus constitutis.

---

40 cf. Col 3, 1—2   **42** cf. Gal 2, 2   **46** cf. 1 Cor 13, 3 | *quid
prode est*, cf. Mt 16, 26 | *disperdere — pauperibus*, cf. Ps 111, 9 et Lc 18, 22
47 cf. Rm 15, 6 | cf. 2 Cor 6, 16   **48** cf. Col 4, 2 et Rm 12, 12

---

37 poterant   **38** non¹ *om.*   **42** habent   **46** superbior] superior

---

38 uictum] et tegumentum *add.* | quale   **39** foris   **40** bona]
uana   **41** nec] ne   **42** quia] qui   **45** qui] quia | fruantur]
fruerentur   **46** alia quippe quaecumque iniquitas in malis operibus
exercetur ut fiant superbia uero etiam bonis operibus insidiatur ut pe-
reant *praem.* | dispergere | efficitur   **47** unianimiter

⁴⁹In oratorio nemo aliquid agat nisi ad quod est factum,
unde et nomen accepit; ⁵⁰ut si forte aliqui, etiam praeter
horas constitutas, si eis uacat, et orare uoluerint, non eis sint
inpedimento, qui ibi aliquid agendum putauerunt.

⁵¹Psalmis et hymnis cum oratis deum, hoc uersetur in
corde quod profitetur in uoce.

⁵²Et nolite cantare, nisi quod legitis esse cantandum;
quod autem non ita scribtum est ut cantetur, non cantetur.

⁵³Carnem uestram domate ieiuniis et abstinentia aescae
et potus, quantum ualetudo permittit. ⁵⁴Quando autem ali-
quis non potest ieiunare, non tamen ex|tra horam prandii f⁰ 12v
aliquid alimentorum sumat, nisi cum aegrotat.

⁵⁵Cum acceditis ad mensam, donec inde surgatis, quod
uobis secundum consuetudinem legitur, sine tumultu et con-
tentionibus audite; ⁵⁶ne solae uobis fauces sumant cibum,
sed et aures esuriant dei uerbum.

⁵⁷Qui infirmi sunt ex pristina consuetudine, si aliter trac-
tantur in uictu, non debet aliis molestum esse nec iniustum
uideri, quos fecit alia consuetudo fortiores. ⁵⁸Nec illos feli-
ciores putent, quia sumunt quod non sumebant ipsi, sed sibi
potius gratulentur, quia ualent quod non ualent illi.

⁵⁹Et si eis, qui uenerunt ex moribus delicatioribus ad
monasterium, aliquid alimentorum, uestimentorum, stramen-
torum, operimentorum datur, quod aliis fortioribus et ideo
felicioribus non datur, ⁶⁰cogitare debent quibus non | datur, f⁰ 13
quantum de sua saeculari uita illi ad istam descenderint,
⁶¹quamuis usque ad aliorum, qui sunt corpore firmiores,

---

56 cf. Am 8, 11

---

49 oratorium　　　**53** aesce　　　**57** uictum

---

50 et *deest* | sint] sit | putauerit　　**51** profitetur] profertur　　**56** ne]
nec　　**57** facit　　**58** sumebant] sumunt

frugalitatem peruenire nequiuerint. [62]Nec debent uelle omnes, quod paucos uident amplius, non quia honorantur, sed quia tolerantur, accipere, [63]nec contingat detestanda peruersitas, ut in monasterio, ubi, quantum possunt, fiunt diuites laboriosi, fiant pauperes delicati.

[64]Sane, quemadmodum aegrotantes necesse habent minus accipere ⟨ne⟩ grauentur, ita et post aegritudinem sic tractandi sunt, ut citius reparentur, [65]etiam si de humili saeculi paupertate uenerunt, tamquam hoc illis contulerit recentior aegritudo, ⟨quod diuitibus anterior consuetudo⟩. [66]Sed cum uires pristinas reparauerint, redeant ad feliciorem consuetudinem suam, quae famulos dei tanto amplius decet, quanto minus indigent. | [67]Nec ibi eos teneat uoluptas iam uegetos, quo necessitas leuarat infirmos. [68]Illi se extiment ditiores, qui in sustinenda parcitate fuerint fortiores; melius est enim minus egere, quam plus habere.

f⁰ 13v

[69]Non sit notabilis habitus uester, nec affectetis uestibus placere, sed moribus.

[70]Quando proceditis, simul ambulate; cum ueneritis quo itis, simul state.

[71]In incessu, in statu, in omnibus motibus uestris nihil fiat quod cuiusquam offendat aspectum, sed quod uestram deceat sanctitatem.

[72]Oculi uestri, et si iaciuntur in aliquam feminarum, figantur in nullam. [73]Neque enim, quando proceditis, feminas

---

73 cf. Mt 5, 28

---

64 ne *om.*   65 quod *usque* consuetudo *om.*   71 aspectum] sed
uestrum deceat aspectum *add.*   72 aliqua   73 prohibemini] prohibeni *a. corr.* prohibent *p. corr. post. m.*

---

63 nec] ne   64 reparentur] recreentur   65 humillima   71
decet   72 nullam] nemine

uidere prohibemini, sed adpetere aut ab ipsis adpeti uelle criminosum est. [74]Nec solo tactu et affectu, sed aspectu quoque, adpetitur et adpetit concupiscentia ⟨feminarum⟩. | f⁰ 14 [75]Nec dicatis uos ⟨animos⟩ habere pudicos, si habetis oculos inpudicos, quia oculus inpudicus inpudici cordis est nuntius. [76]Et cum se inuicem sibimet, etiam tacente lingua, conspectu mutuo corda nuntiant inpudica, et secundum concupiscentiam carnis alterutro delectantur ardore, etiam intactis ab inmunda uiolatione corporibus, fugit castitas ipsa de moribus.

[77]Nec putare debet qui in femina figit oculum et illius in se diligit fixum, ab aliis se non uideri, cum haec facit; uidetur omnino, et a quibus se uideri non arbitratur. [78]Sed ecce lateat et a nemine hominum uideatur, quid faciet de illo super inspectore quem latere nihil potest? [79]An ideo putandus est non uideri, quia tanto ⟨uidet patientius quanto⟩ sapientius? [80]Ille ergo uir sanctus timeat displicere, ne uelit feminae male | placere. [81]Illum cogitet omnia uidere, ne uelit f⁰ 14v feminam male uidere. [82]Illius namque et in hac causa commendatus est timor, ubi scribtum est: *Abominatio est domino defigens oculum.*

[83]Quando ergo simul estis in ecclesia et ubicumque ubi et feminae sunt, inuicem uestram pudicitiam custodite; deus enim qui habitat in uobis, etiam isto modo uos custodiet ex uobis.

78—79 cf. Prv 24, 12   80 cf. Prv 24, 18   82 Prv 27, 20 (LXX)
83 *deus — uobis*, cf. 1 Cor 3, 16 et 2 Cor ϵ, 16

---

74 adpetitur *post. m.* adpetur *a. corr.* | concupiscentia feminarum] concu *in fine pag.*   75 animos *om.* | oculos] animos | cordi   79 uidet *usque* quanto *om.*   80 timeat *bis scr.*   82 conmendatus   83 ecclesiam

---

75 inpudicus oculus *transp.*   76 sibimet] sibi   77 diligit] ipse diligit | haec] hoc   78 super] desuper   79 uidere   80 illi

⁸⁴Et si hanc unde loquor oculi petulantiam in aliquo
uestrum aduerteritis, statim admone, nec coepta egrediantur,
sed proximo corrigantur.

⁸⁵Si autem et post admonitionem iterum, uel in alio
quocumque die, id ipsum eum facere uideritis, iam uelut uul-
neratum prodat, quicumque hoc potuit inuenire; ⁸⁶prius tamen et alteri uel tertio demonstratum, ut duorum uel trium
f° 15   possit ore conuinci et conpe|tenti seueritate coherceri. ⁸⁷Nec
uos iudicetis esse maliuolos, quando hoc indicatis. ⁸⁸Magis
quippe innocentes non estis, si fratres uestros, quos indicando
corrigere potestis, tacendo perire permittitis. ⁸⁹Si enim frater
tuus uulnus haberet in corpore, quod uellet occultare, dum
timet secari, nonne crudeliter abs te sileretur et misericorditer
indicaretur? ⁹⁰Quanto ergo potius eum debes manifestare,
ne deterius putrescat in corde!

⁹¹Et antequam aliis demonstretur, per quos conuincen-
dus est, si negauerit, prius praeposito debet ostendi, si ad-
monitus neglexerit corrigi, ne forte possit, secretius correptus,
non innotescere ceteris. ⁹²Si autem negauerit, tunc nescienti
adhibendi sunt alii, ut etiam coram omnibus possit, non ab
f° 15v uno teste argui, sed a duobus tribusue conuinci. | ⁹³Conuictus
uero, secundum praepositi, uel etiam praesbyteri ad cuius
dispensationem pertinet, arbitrium, debet emendatoriam subire uindictam. ⁹⁴Quam si ferre recusauerit, etiam si ipse non

---

84—92 cf. Dt 17, 6 et Mt 18, 15—17   92 cf. 1 Tm 5, 20

---

85 quicumque] qui cum *in fine lin.*   88 potetis   90 quando |
deterius *post. m.* detrius *a. corr.*

---

84 unde] de qua | admonete | nec] ne | egrediantur] progrediatur |
proximo corrigantur] de proximo corrigatur   85 in *om.* | prodat] sanan-
dum prodat   89 dum] cum | secari] sanari   90 deterius] perni-
ciosius   91 et] sed   92 etiam] iam | tribusue] uel tribus   93 per-
tinent | subire] sustinere

abscesserit, de uestra societate proiciatur. [95]Non enim et hoc fit crudeliter, sed misericorditer, ne contagione pestifera plurimos perdat.

[96]Et hoc quod dixi de oculo non figendo, etiam in ceteris inueniendis, prohibendis, indicandis, conuincendis uindicandisque peccatis, diligenter et fideliter obseruetur, cum dilectione hominum et odio uitiorum.

[97]Quicumque autem in tantum progressus fuerit malum, ut occulte ab aliqua litteras uel quaelibet munuscula accipiat, si hoc ultro confitetur, parcatur illi et oretur pro illo; [98]si autem depraehenditur adque conuincitur, | secundum arbi- f⁰16 trium praesbyteri uel praepositi grauius emendetur.

[99]Uestes uestras in uno habete, sub uno custode uel duobus uel quod sufficere potuerint ad eas excutiendas, ne a tineis ledantur, [100]ut sicut pascimini ex uno ⟨cellario, sic induamini ex uno⟩ uestiario. [101]Et, si fieri potest, non ad uos pertineat, quid uobis induendum pro temporis congruentia proferatur, [102]utrum hoc recipiat unusquisque uestrum quod deposuerat an aliud quod alter habuerat, [103]dum tamen unicuique quod opus est non negetur. [104]Si autem hinc inter uos contentiones et murmura oriuntur, cum queritur aliquid deterius se accepisse quam prius habuerat et indignum se esse qui non ita uestiatur, sicut alius frater eius uestiebatur, [105]hinc uos probate quantum uobis desit in illo interiore sancto habitu cordis ornatus, | qui pro habitu corporis liti- f⁰16v

---

103 cf. Act 4, 35　　105 cf. Tt 2, 3

---

94 prohiciatur　　99 sub] in　　100 cellario sic induamini ex uno *om.* | uestiario *post. m.* uestario *a. corr.*

---

99 in unum | tinea　　100 ut] et | induimini　　103 quod] cuique *add.*
104 aliquis | non *deest*　　105 ornatus *deest*

gatis. [106]Tamen, si uestra toleratur infirmitas, ut hoc recipiatis, quod posueritis, in uno tamen loco sub communibus custodibus habete quod ponitis.

[107]Ita sane, ut nullus sibi aliquid operetur, sed omnia opera uestra in commune fiant, maiore studio et frequentiore alacritate, quam si uobis singuli propria feceritis. [108]*Caritas* enim, de qua scribtum est quod *non quaerit quae sua sunt*, sic intellegitur, quia communia propriis, non propria communibus anteponit. [109]Et ideo, quanto amplius rem communem quam propriam uestram curaueritis, tanto uos amplius profecisse noueritis; [110]ut in omnibus quibus utitur transitura necessitas, superemineat, quae permanet, caritas.

[111]Consequens ergo est ut etiam ⟨si⟩ quis filiis, uel aliqua necessitudine ad se pertinentibus, in monasterio constitu|tis, aliquid uel aliquam contulerit uestem, siue quodlibet aliud inter necessaria deputandum, non occulte accipiatur, [112]sed sit in potestate praepositi, ut, in re communi redactum, cui necessarium fuerit, praebeatur.

[113]Indumenta uestra secundum arbitrium praepositi lauentur, siue a uobis, siue a fullonibus, ne interiores animae sordes contrahat mundae uestis nimius adpetitus.

[114]Lauacrum etiam corporum, cuius infirmitatis necessitas cogit, minime denegetur, [115]sed fiat sine murmure de consilio medicinae, ita ut, etiam si nolit, iubente praeposito, faciat quod faciendum est pro salute. [116]Si autem uelit, et

f⁰ 17

---

108 1 Cor 13, 5   **110** cf. 1 Cor 12, 31 et 13, 13   **112** cf. Act 4, 35

---

107 sibi] ibi   **111** si *om.* | aliquis uel aliqua   **112** praeueatur
113 labentur | munde   **114** labacrum   **115** medicine | etiam] eam |
iuuente

---

107 frequentiori | faceretis   **108** quaerat   **109** propria uestra
111 filiis] suis filiis | contulerit uel aliquam *transp.*   **116** et] forte
add.

non expedit, suae cupiditati non oboediat. Aliquando enim, etiam si noceat, prodesse creditur quod delectat.

[117]Denique, si latens est dolor in corpore, famulo dei, dicenti quid sibi doleat, | sine dubitatione credatur; [118]et f⁰ 17v tamen, utrum sanando illi dolori quod delectat expediat, si non est certum, medicus consulatur.

[119]Nec eant ad balneas, siue quocumque necesse fuerit, minus quam duo uel tres. [120]Nec ille qui habet aliquo eundi necessitatem, ⟨cum quibus ipse uoluerit⟩, sed cum quibus praepositus iusserit, ire debebit.

[121]Aegrotantium cura, siue post aegritudinem reficiendorum, siue aliqua inbecillitate, etiam sine febribus, laborantium, uni alicui debet iniungi, [122]ut ipse de cellario petat, quod cuique opus esse perspexerit.

[123]Siue autem qui cellario, siue qui uestibus, siue qui codicibus praeponuntur, sine murmure seruiant fratribus suis.

[124]Codices certa hora singulis diebus petantur; extra horam qui petierit, non accipiat.

[125]Uestimenta uero et calciamenta indigentibus necessaria dare non diffe|rant, sub quorum custodia sunt quae f⁰ 18 poscuntur.

[126]Lites nullas habeatis, aut quam celerrime finiatis, [127]ne ira crescat in odium, et trabem faciat de festuca, et animam faciat homicidam. [128]Sic enim legitis: *Qui odit fratrem suum homicida est.*

---

127 cf. Mt 7, 3—5   **128** 1 Jo 3, 15

---

119 ualneas   **120** cum *usque* uoluerit *om.*   **121** inueccillitate
124 horam] hora

---

118 et] sed   **119** quocumque] ire *add.*   **125** calciamenta]
quando fuerint *add.*   **126** nullas] aut nullas

¹²⁹Quicumque conuicio uel maledicto uel etiam criminis
obiectu, aliquem lesit, meminerit satisfactione quanto citius
curare quod fecit, ¹³⁰et ille qui lesus est, sine disceptatione
dimittere. ¹³¹Si autem inuicem se leserunt, inuicem sibi de-
bita relaxare debebunt, propter orationes uestras, quas utique,
quanto crebriores habetis, tanto saniores habere debetis.
¹³²Melior est autem qui, quamuis ira saepe temptatur, tamen
inpetrare festinat, ut sibi dimittat, cui se fecisse agnoscit
f° 18v iniuriam, quam qui tardius irascitur et ad ueniam petendam |
difficilius inclinatur. ¹³³Qui autem numquam uult petere
ueniam, aut non ex animo petit, sine causa est in monasterio,
etiam si inde non proiciatur. ¹³⁴Proinde uobis a uerbis durioribus parcite; ¹³⁵quae si emissa fuerint ex ore uestro, non
pigeat ex ipso ore proferre medicamenta, unde facta sunt
uulnera.

¹³⁶Quando autem necessitas disciplinae, minoribus coher-
cendis, dicere uos uerba dura conpellit, si etiam ipsis modum
uos excessisse sentitis, non a uobis exigitur, ut ab eis ueniam
postuletis, ¹³⁷ne aput eos quos oportet esse subiectos, dum
nimium seruatur humilitas, regendi frangatur auctoritas.
¹³⁸Sed tamen petenda uenia est ab omnium domino, qui
nouit etiam eos, quos plus iusto corripitis, quanta beniuolentia diligatis. ¹³⁹Non autem carnalis, sed spiritalis inter uos
f° 19   debet esse dilectio. |

---

131 cf. Mt 6, 12   133 cf. Mt 18, 35

---

129 obiectum   **131** deuita | saniores] seniores   **134** duori-
oribus   **135** emissae | ore²] hore   **136** minoribus] moribus |
dicere uos *bis scr.*   **138** iuste

---

129 aliquem] alterum | quanto citius] quantocius   **136** ipsis]
in ipsis   **137** nimia   **138** iusto] forte *add.*

¹⁴⁰Praeposito tamquam patri oboediatur, honore seruato, ne in illo offendatur deus; ¹⁴¹multo magis praesbytero, qui omnium uestrum curam gerit.

¹⁴²Ut ergo ista seruentur et, si quid seruatum non fuerit, non neglegenter praetereatur, sed emendandum corrigendumque curetur, ad praepositum praecipue pertinebit, ¹⁴³ut ad praesbyterum, cuius est aput uos maior auctoritas, referat, quod modum uel uires excedit.

¹⁴⁴Ipse uero qui uobis praeest, non se existimet potestate dominantem, sed caritate seruientem. ¹⁴⁵Felici honore coram uobis praelatus sit uobis, timore coram deo substratus sit pedibus uestris. ¹⁴⁶*Circa omnes seipsum praebens bonorum operum exemplum, corripiat inquietos, consoletur pusillianimos, patiens sit ad omnes.* ¹⁴⁷Disciplinam libens habeat, metuendus inponat. | ¹⁴⁸Quamuis utrumque sit necessarium, tamen plus f⁰ 19v a uobis amari adpetat quam timeri, semper cogitans deo se pro uobis redditurum esse rationem.

¹⁴⁹Unde uos magis oboediendo, non solum uestri, sed etiam ipsius miseremini, qui inter ⟨uos⟩, quanto in loco superiore, tanto in periculo maiore uersatur.

---

140 cf. Hbr 13, 17; Ex 20, 12; Eph 6, 1—2   **144** cf. Lc 22, 25—26 et Gal 5, 13   **145** cf. Sir 3, 20   **146** Tt 2, 7 | 1 Th 5, 14   **148** cf. Hbr 13, 17   **149** cf. Sir 30, 24

---

141 omnium] omni   **142** praecipuae   **144** potestatem **146** praeuens *a. corr.*   **148** necessarium] necessa *in fine lin.* sarium | amari] mari   **149** uos² *om.*

---

142 ista] cuncta ista   **143** ut] ita ut | uires] eius *add.*   **145** felicem   **146** praebens bonorum operum] bonorum operum praebeat | pusillianimos] pusillianimes suscipiat infirmos   **147** metuendus] metum **148** quamuis] et quamuis   **149** sed] uerum | qui] quia

¹⁵⁰Donet dominus, ut obseruetis haec omnia cum dilectione, tamquam spiritalis pulchritudinis amatores et bono Christi odore bona conuersatione flagrantes, ¹⁵¹non sicut serui sub lege, sed sicut liberi sub gratia constituti.

¹⁵²Ut autem uos in hoc libello tamquam speculo possitis inspicere, nec per obliuionem aliquid neglegatis, semel in septimana uobis legatur. ¹⁵³Et ubi uos inueneritis ea quae scribta sunt facientes, agite gratias domino bonorum omnium f⁰ 20 largitori. ¹⁵⁴Ubi autem sibi quicumque uestrum | uidet aliquid deesse, doleat de praeterito, caueat de futuro, orans ut et debitum dimittatur et in temptatione non inducatur.

EXPLICIT REGULA SANCTI AGUSTINI EPISCOPI

[II] De cellario, qualis debeat esse

¹Talis eligi, qui possit in omnibus guilae suggestionibus dominari; ²qui timeat Iudae sententiam, qui ab initio fur fuit. ³Studere debet qui hoc officio deputatur, ut audiat: ⁴*Qui bene ministrauerit, bonum gradum sibi adquirit.*

---

150 *pulchritudinis amatores,* cf. Sir 44, 6 | *bono christi odore,* cf. 2 Cor 2, 15 | *bona conuersatione,* cf. 1 Pt 3, 16　　151 cf. Rm 6, 14—22 152 cf. Jac 1, 23—25　　154 cf. Mt 6, 12—13
　　II 2 cf. Jo 12, 6　　4 1 Tm 3, 13

---

150 fragrantes *a. corr. (?)*　　152 oblibionem　　154 deuitum
II 2 sententiam] dominari *add.*　　3 debeat

---

150 bona] de bona　　152 speculo] in speculo | ne　　154 et¹]
ei | temptationem | explicit *usque* episcopi *desunt*
　　II tit.: **ex Regula Magistri XVI**
　　interrogatio discipulorum: XVI *praem.* | cellario] monasterii *add.*
　　II 1—8: **ex Regula IV Patrum (XII) 3, 24—31**
　　1 talis] debet talis　　3 hoc] huic

⁵Nosse etiam debent fratres quia quidquid in monasterio tractatur siue in uasis siue in ferramentis uel cetera omnia esse sanctificata. ⁶Si quis neglegenter aliquid tractauerit, ⁷partem se habere nouerit cum illo rege, | qui in uasis domus f⁰ 20v dei sanctificatis cum suis bibebat concubinis, et qualem meruit uindictam.

⁸Custodienda ista praecepta et per singulos dies in auribus fratrum recensenda.

⁹Ergo cellarius monasterii non aliud est quam dispensator diuinarum rerum, ¹⁰ut dominus in euangelio promittat fidelibus seruis suis, dicens: *Nolite cogitare quid manducetis aut quid bibatis aut quid induamini.* ¹¹Simul et de crastino monet non debere quemquam esse sollicitum, ¹²sed hoc admonet, dicens: *Quaerite regnum et iustitiam dei, et haec omnia adponentur uobis.*

¹³Ergo cum de solo inquirendo regno et iustitia eius fuerimus solliciti, ¹⁴dominum credamus omnia nobis ministrare, qui ultro se nobis necessaria omnia promittit adponere.

¹⁵Ergo omnia uictualia monasterii, quae in prae|benda f⁰ 21 operariis suis dominus annona distribuit, ¹⁶si male et fraudulenter a cellario distribuantur et pereant, ¹⁷sciat se supra-

---

5 cf. Za 14, 20   7 cf. Dn 5, 1—31   10 Mt 6, 25 et 31   12 Mt 6, 33   13 cf. Mt 6, 33—34

---

5 quidquid] quid | tractantur   6 quis] quid   9 cellarium
15 annonam   16 pereat

---

8 custodienda] sunt *add.* | aures
II 9—25: ex Regula Magistri XVI 11—14; 25—37
9 *decem vv. praem.*   10 in tantum diuinarum *praem.*   12 *post*
uobis *decem vv. add.*   13 solo] seruitio nostro in *add.* | iustitiam
14 nobis omnia *transp.* | qui] quia   16 cellarario

dictus cellarius in die iudicii diuinis ante tribunal ratiociniis discuti, [18] cum annonam seruorum suorum dominus per neglegentiam uiderit exterminari, [19] quia quod iuste dominus dignis tradidit, digne ab euersoribus non patitur custodiri.

[20] Qui cellararius sine praecepto abbatis nihil tribuat aut eroget uel expendat, [21] nec infirmo in praesentia eius extra iussu aliquid porrigat. [22] Elemosynam faciat cum iussu abbatis in praesentia eius. [23] In absentia uero eius, liceat ei petenti paupero elemosynam exhibere, [24] propter praeceptum domini, quod dicit: *Omni petenti te tribue,* [25] et iterum: *Da egenti, ne cui non dederis, ipse sit Christus.* |

f° 21v **[III] Quomodo debent hii qui operantur uel qui praesunt curam gerere ferramentorum utensilium eorum de quibus operantur?**

[1] Primum quidem sicut uasis dei, uel his quae deo consecrata sunt, uti debent. [2] Deinde tamquam qui non possint sine ipsis deuotionis ⟨et⟩ studii sui emolumenta consequi.

---

24 Lc 6, 30 25 cf. Mt 25, 35—36
III 1 cf. Za 14, 20

---

24 petenti] potenti 25 dederis] deris *a. corr.* desris *post. m.* |
christus] explicit *add. post. m.*
III 2 deuotionistudiissui | aemonumenta

---

17 cellararius 18 exterminari] stricari 19 tradit | digne]
indigne | custodiri] stricari 22 elemosynam] cellararius *praem.*
25 iterum] item | egenti *deest*
tit.—8: ex Regula Basilii, interrog. CIII, CIIII, CVI
tit. interrogatio CIII *praem.* | hi | uel qui praesunt *desunt* 1 responsio *praem.*

³Quod si per neglegentiam pereat aliquid ex his, aut per contemptum dissipetur, his quidem qui contemnet, uelut sacrilegus iudicandus est, ⁴et qui perdidit per neglegentiam, et ipse simile crimen incurrit, ⁵pro eo quod omnia, quae ad usus seruorum dei deputata sunt, ⟨deo sine dubio consecrata sunt⟩.

⁶Quod si necessitas poscat, et his qui praeest requirat ab aliquo eorum uas uel ferramentum, et contradixerit, ⁷qui seipsum et membra sua tradidit in alte|rius potestate prop- f⁰ 22 ter mandatum domini, ⁸quomodo liceat de utensilibus contradicere, huic praecipue cui cura commissa est ?

⁹Sane ferramenta omnia in uno contineantur cubiculo, ¹⁰et uni fratrum, cuius diligentiam abbas cognouerit, eius conseruandam curam committat. ¹¹Cottidie fratribus ad facienda opera consignet ad numerum, ¹²ab eis similiter munda ipse recipiat et reponat, ¹³breue tenente abbate. ¹⁴Qui uero frater non mundum ferramentum reuocauerit, ¹⁵referat hoc custos ferramentorum, ¹⁶et poenae nomine annonae suae unam quadram minus accipiat usque ad satisfactionem uel emendationem.

III 4 similem | incurrat *p. corr. post. m.* 5 usus] uersus | deo *usque* consecrata sunt *om.* 6 poscit *p. corr. post. m.* 8 praecipuae 10 fratum | diligentia | commitat 11 facicienda 13 brebe | abbate] ab abbate 15 custus 16 poene

---

3 interrogatio CIIII *praem.* | his²] responsio. is | contemnit 6 interrogatio CVI *praem.* 7 responsio *praem.* 8 licebit
III 9—16: ex Regula Magistri XVII 1—8
9 sane *deest* | omnia] monasterii 10 fratri | cognouerit] agnouerit | eius] eorum 11 cottidie] qui *praem.* 12 ab eis] et a deiungentibus 13 breue] de omnibus *add.* 14 ferramentum] a terra de agro *add.* 15 referat hoc custos] accusatus ad mensam a custode 16 et *deest* | annonae suae] in refectione in portionem panis sui | emendationem] promissam *add., deinde quattuordecim vv. add.*

[IIII] Si qui non contentus cottidie sibi aliquid iniungi de his
quae pro mandato dei incidunt, sed artificium uult dis-
cere, quali uitio aegrotat, aut si opor|tet ei adquiescere?

f⁰ 22v

R̄ESP

¹Iste talis et praesumptor est et sibi placens, qui non
timuit sententiam domini dicentis: *Estote parati, quia qua
hora non putatis, filius hominis ueniet.* ²Si enim cottidie
expectat quis dominum, sollicitus est et trepidus quomodo
praesentem diem non transeat otiosus, et nihil amplius quaerit. ³Si autem imperatur ei artificium discere, oboedientiae
suae habeat lucrum; ⁴in hoc placeat deo et non in eo quod
sibi placet adsumat iudicium.

[V] Si qui industrius sit et promptus ad implenda mandata,
agat autem non quod iniungitur, sed quod ipse uult, quam
mercedem habet?

R̄ESP

¹Merces eius illa ipsa est, quod sibi placet. ²Cum autem
apostolus dicat: *Unusquisque* autem *proximo suo placeat in
bono ad aedificationem,* | ³et ut amplius inclinaret et constrin-

f⁰ 23

IIII 1 Lc 12, 40
V 2 Rm 15, 2   3 Rm 15, 3

IIII tit. resp] respditvr *post. m.*
3 artificium *post. m.* artificum *a. corr.*
V tit. rs̄p   3 addit] addidicit

IIII: ex Regula Basilii, interrog. LXVII
tit. interrogatio LXVII *praem.* | si quis | resp] responsio   1 pla-
cens] et infidelis *add.*
V: ex Regula Basilii, interrog. LXVIII
tit. interrogatio LXVIII *praem.* | si quis | resp] responsio   2 au-
tem²] uestrum   3 audientes

geret audientem, addit et dicit quia *et ipse Christus non sibi placuit,* [4]scire debet unusquisque periculum suum esse in eo qui uult sibi placere. [5]Simul enim et inoboediens inuenitur.

[VI] Si iniunctum fuerit aliquid fratri, et contradixerit, postea autem sua potestate abierit

R̄ESP

[1]In eo quidem quod contradixit, quasi non obtemperans iudicandus est et uelut ceteros similem concitans malum. [2]In quo sciat se illi sententiae obnoxium, quae dicit: *Contradictiones suscitat omnis malus, dominus autem angelum inmisericordem inmittit ei.* [3]Cum enim certus sit quia non homini obtemperat, sed domino dicenti: *Qui audit uos, me audit, et qui spernit uos, me spernit,* [4]si conpunctus est recordatione mandati, prius satisfaciat, [5]et ita, si permittitur, | impleat f⁰ 23v quod iniunctum est.

[VII] Quali affectu oportet accipere uel uestimentum uel calciamentum qualecumque fuerit?

[1]Si quidem breue aut grande est ad mensuram staturae suae, hoc indicare debet, sed cum omni uerecundia et man-

---

VI 2 Prv 17, 11 (LXX)   **3** Lc 10, 16

VI tit. r̄sp
4 recordationem
VII 1 brebem

---

4 qui] quod
VI: ex Regula Basilii, interrog. LXX
tit. interrogatio LXX *praem.* | potestate] sponte | abierit] quid est *add.* | resp] responsio   **1** similem] ad simile   **3** enim] autem
VII: ex Regula Basilii, interrog. XCV
tit. interrogatio XCV *praem.*   **1** responsio *praem.*

suetudine. ²Si uero pro abiectione aut uiliori mouetur,
aut quia non est nouum, meminerit mandati domini dicentis quia *dignus est*, non quicumque, sed *operarius mer-
cede sua*. ³Discutiat seipsum, si digne operatus est opera
dei et adimpleuit omnia quaecumque praecepta sunt, et
tunc non aliud requiret, ⁴sed de eo ipso quod ei datur
adhuc erit sollicitus, quia supra meritum suum accepit. ⁵Hoc
enim quod de aesca dictum est, etiam de omni re quae ad
usus corporis pertinet, eadem forma obseruari potest.

fº 24

**[VIII] Si licet unicuique ueterem tunicam suam aut calciamen-
tum | dare cui uoluerit, misericordiae causa propter
mandatum ?**

RESP

¹Dare aliquid mandati gratia pro misericordia non est
omnium, sed eorum quibus istud officium credendum est.
²His ergo ad quem pertinet dispensatio, siue bonum, siue
uetus uestimentum ipse dat cui dare debet, ³et ipse suscipiet
a quo suscipi debet.

VII **2** Lc 10, 7; cf. 1 Tm 5, 18

---

2 mercedem suam   **5** esca
VIII tit. r͞sp
1 dare] dere | istud] stud   **2** siuetus

---

2 abiectione aut] abiectiori uel
VIII: ex Regula Basilii, interrog. XCVIIII
tit. interrogatio XCVIIII *praem.* | resp] responsio   **1** creden-
dum] creditum   **2** is | bonum] nouum

[VIIII] Si debent peregrini intrare usque ad illa loca ubi fratres operantur, uel etiam alii de eodem monasterio debent relictis suis locis intrare ad alios?

$\overline{\text{RESP}}$

[1] Praeter illum cui creditum est requirere operantes, id est, ad quem opus pertinet et dispensatio, [2] si quis alius inuentus fuerit hoc faciens, tamquam interturbans disciplinam et ordinem fratrum, a communi conuentu excludatur, [3] et omnino etiam a licitis progressibus inhibeatur; [4] et sedens in uno loco, in quo iudicauerit is qui praeest, | apto ad cor- f⁰ 24v reptionem et uindictam, nusquam prorsus permittatur accedere, [5] sed urgueatur in opus, multo plus quam consuetudo est; [6] et cottidie exigatur, usquequo discat implere hoc quod apostolus dixit: *Unusquisque in quo uocatus est, in eo permaneat.*

[X] Si oportet eos qui norunt artificia, suscipere ab aliquo opus absque conscientia uel iussione eius qui praeest et operae sollicitudinem gerit?

$\overline{\text{RESP}}$

[1] Furti reus erit eiusmodi, uel similis his qui furibus concurrunt.

VIIII 6 1 Cor 7, 20

VIIII tit. monasterium | r̄sp
2 intertubans　　　**3** licitis] litis　　　**4** prosus　　　**5** serurgueatur
X tit. iussionem | opere | r̄sp

VIIII: ex Regula Basilii, interrog. CI
　tit. interrogatio CI *praem.* | etiam] si *add.* | resp] responsio　　　**1** opus] operum | et *deest*　　　**4** accedere] abscedere　　　**5** urgeatur
　X: ex Regula Basilii, interrog. CII
　tit. interrogatio CII *praem.* | norunt] nouerunt | operae] operum | resp] responsio

[XI] Si oportet peccantibus fratribus silere et quiescere?

[1]Quia non oporteat manifestum est ex ipsius domini praeceptis, quibus in ueteri quidem testamento dicit: *Argues proximum tuum et non adsumes ex eo peccatum,* [2]in euangelio autem dicit: *Si peccauerit in te frater tuus, uade et argue eum inter te | et ipsum solum. Si audierit te, lucratus es fratrem tuum.* [3]*Si uero non audierit te, adsumes tecum alium unum aut duos, ut in ore duorum uel trium testium stet omne uerbum.* [4]*Si autem et ipsos non audierit, dic ecclesiae; si uero nec ecclesiam audierit, sit tibi sicut gentilis et publicanus.*

f° 25

[5]Quantum autem sit crimen huius peccati, dinoscitur primo quidem ex sententia domini qua dicit: *Qui incredulus fuerit filio, non habet uitam aeternam, sed ira dei manet super eum*; [6]tum deinde ex historiis, quae uel in ueteri, uel in nouo testamento referuntur: [7]nam Achas ille cum furatus est linguam auream, super omnem populum ira domini facta est, [8]et quidem populo peccatum quod conmiserat ignorante usquequo manifestatus est; [9]et pertulit cum omni domo sua orrendum illud ac famosissimum inte|ritum.

f° 25v

[10]Sed et Heli sacerdos, equidem cum non siluisset peccantibus filiis, qui erant filii pestilentiae, [11]immo et frequenter commonens et castigans et dicens: *Non bona audio ego de*

XI 1 Lv 19, 17 (LXX)   2—4 Mt 18, 15—17   5 Jo 3, 36
7—9 cf. Jos 7, 1—26   10—11 cf. 1 Rg 2, 12—25   11 1 Rg 2, 24
(LXX)

XI 5 sententia] sen *in fine lin.* tia   **8** ignoranter   **9** horrendum
11 iudicium

XI: ex Regula Basilii, interrog. CXXII
      tit. interrogatio CXXII *praem.*   **1** responsio *praem.*   **3** adsumes] adhuc *add.*   **5** habebit   **7** facta est ira domini *transp.*
9 illum   **10** equidem] et quidem   **11** non] nolite filii *praem.*

uobis, et cetera, quae uel peccatum arguerent, uel de dei
iudicio commonerent; [12]tamen quoniam non uindicauit, neque digno zelo dei aduersum eos motus est, [13]in tantum dei
iracundiam prouocauit, ut etiam uniuersus populus pariter
cum filiis suis extingueretur, et arca testamenti ab alienigenis
raperetur, [14]et ipse insuper omnibus subuersis miseranda
morte corrueret. [15]Quod si uel in populum ignorantem de
unius peccato, uel in patrem qui commonuerat et corripuerat
filios pro peccato, tanta dei iracundia accensa est, [16]quid
sperandum est de his qui cognoscunt aliorum delicta et | re- f° 26
ticent, nec qualemcumque adhibent correptionem.

[17]Quos utique conueniret obseruare illud quod apostolus
dicit ad Corinthios: Quare *non potius luctum habuistis ut tol-
leretur de medio uestrum qui hoc opus fecit,* et reliqua; [18]uel
illud: *Ecce enim hoc ipsum secundum deum contristari quantum
⟨operatum⟩ est uobis sollicitudinem: sed excusationem, sed in-
dignationem, sed timorem, sed desiderium, sed aemulationem,
sed uindictam.*

[19]Unde et metuere debent, ne forte etiam nunc similem
ueteribus interitum sumant, hi qui similiter neglegunt,
[20]immo et grauius, quanto spernere legem Christi perniciosius
est quam legem Moysi. [21]Sed et hic conpetit illud aptari, quod
dixit: *Septies uindicatum esse de Cain, de Lamech septuagies
septies.*

12—14 cf. 1 Rg 2, 27—4, 17   **14** cf. 1 Rg 4, 18   **17** 1 Cor 5, 2
18 2 Cor 7, 11   **21** Gn 4, 24 (LXX)

---

13 filiis] fidiliis | extinguretur   **15** si uel] siue   **18** opera-
tum *om.* | emulationem   **20** perniciosus

---

17 ad corinthios dicit *transp.* | e medio   **18** hoc] et hoc   **21** sed
et hic] et his | esse] est | lamech] uero *add.*

f⁰ 26v [XII] Erga eum qui pro peccato non | paenitet, qualiter esse debemus?

RĒSP

[1] Sicut dominus praecepit dicens: *Sit tibi sicut gentilis et publicanus*, [2] et sicut apostolus docuit, dicens: *Subtrahite uos ab omni fratre ambulante inquiete et non secundum traditionem quam tradidimus uobis.*

[XIII] Si debet habere aliquid proprium, qui inter fratres est?

RĒSP

[1] Hoc contrarium est illi testimonio, quod in Actibus Apostolorum de illis qui credebant primitus scribtum est. [2] Ibi enim ita dicit quia *nemo quidquam ex bonis suis dicebat proprium esse, sed erant illis omnia communia.* [3] Si qui ergo proprium dicit aliquid, sine dubio alienum se facit ab electis dei et caritate domini, qui docuit uerbo et opere conpleuit, qui *animam suam posuit pro amicis suis.* [4] Si ergo ipse animam suam pro amicis dedit, quomodo nos etiam ea quae extra f⁰ 27 animam | sunt propria uindicamus?

XII 1 Mt 18, 17   2 2 Th 3, 6
XIII 1—2 Act 4, 32   3 Jo 15, 13

XII tit. peccatum | penitet | rs̄p
XIII tit. rs̄p
1 illi] illis   2 ita] ait ac | quiquam | commonia

XII: ex Regula Basilii, interrog. XXVIII
tit. interrogatio XXVIII *praem.* | resp] responsio   2 inquiete ambulante *transp.*
XIII: ex Regula Basilii, interrog. XXVIIII
tit. interrogatio XXVIIII *praem.* | resp] responsio   2 proprium dicebat *transp.*   3 si quis | proprium] sibi esse *add.* | caritate] a caritate

[XIIII] Interrogatio: Qui detrahit de fratre, aut audit detrahentem et patitur, quid dignus est?

[1]Excommunicari; *detrahentem* enim, inquit spiritus, *occulte aduersus proximum suum, hunc persequebar.* [2]Et alibi dictum est: *Noli libenter audire detrahentem, ne forte eradiceris.*

[XV] Quod si de eo detraxerit qui praeest, quomodo eum obseruabimus?

R̄ĒSP

[1]In hoc manifestum est iudicium iracundiae dei, quae facta est super Maria, [2]cum detraxit Moysi, et peccatum eius, ne ipso quidem Moyse orante, inultum esse permisit.

[XVI] Si ex toto rideri non licet?

R̄ĒSP

[1]Cum dominus eos qui nunc rident condemnet, manifestum est quia numquam tempus est risus fideli animae, [2]et

---

XIIII 1 Ps 100, 5   2 Prv 20, 13 (LXX)
XV 1—2 cf. Nm 12, 1—15

XIIII 1 inquid
XV tit. obseruauimus | rs̄p
2 moyse] mose | esse] ess
XVI tit. rs̄p

XIIII: ex Regula Basilii, interrog. XLIII
tit. interrogatio] XLIII *add.*   1 responsio *praem.* | spiritus *deest*
XV: ex Regula Basilii, interrog. XLIIII
tit. interrogatio XLIIII *praem.* | qui praeest detraxerit *transp.* | resp] responsio   1 in] et in | mariam   2 inultum] deus *add.*
XVI: ex Regula Basilii, interrog. LIII
tit. interrogatio LIII *praem.* | ridere | resp] responsio

f° 27v maxime cum tam plurimi sint, qui per praeuaricationem legis |
deum non honorent et in peccatis suis moriantur, ³pro quibus utique tristari indesinenter conuenit ⟨et⟩ lugere.

**[XVII] Quae est materies uel causa malorum, quae in fornace
timoris dei excoqui debent, uel quae est erugo uel sordities uitiorum, quam de nobis debet lima iustitiae
emundare ?**

R̄ĒS̄P̄ D̄N̄S̄

¹Cauenda nobis uitia haec sunt: ²primo superbia, deinde
inoboedientia, multiloquium; ³falsitas, auaritia, cupiditas;
⁴zelus, inuidia, iniquitas; ⁵odium, *inimicitia, ira, rixa, con-
tentio*; ⁶fornicatio, ebrietas, uoracitas; ⁷murmurium, impietas,
iniustitia, pigritia, furtum; ⁸detractio, scurrilitas, leuitas, in-
munditia, uaniloquium; ⁹risus multus uel excussus, succin-
natio; ¹⁰concupiscentia, dolus, ambitio, uagatio. ¹¹Haec om-
f° 28 nia non sunt a deo, sed | opera sunt diaboli, quae in die
iudicii a deo meritum suum perpetui ignis gehennam merentur.

XVII 3—4 cf. Rm 1, 29 et Gal 5, 20—21   **5** Gal 5, 20   **6—8** cf.
Rm 1, 29—30 et Gal 5, 19 et 21   **10** cf. Eph 5, 3—4   **11** cf. 1 Jo 3,
10 et 8

---

3 et *om.*
XVII tit. resp] ℞
2 superuia *a. corr.*   **11** gehenna

XVII: ex Regula Magistri V
tit. interrogatio discipulorum: V *praem.* | debent] debet |
mundare | resp dns] respondit dominus per magistrum   **1** nobis] in
nobis

[XVIII] De oboedientia discipulorum, qualis debeat esse

R̄ESP D̄NS

¹Primus humilitatis gradus est oboedientia sine mora. ²Sed haec forma paucis conuenit et perfectis, in his qui nihil sibi a Christo carius aliquid extimantes, ³propter seruitium sanctum, quod professi sunt, uel propter metum gehennae uel diuitias uitae aeternae, ⁴mox aliquid imperatum a maiore audierint, moram pati nesciunt in sequendo. ⁵De quibus dominus dicit: *Obauditu auris obaudiuit mihi.* ⁶Et item dicit doctoribus: *Qui uos audit, me audit.* ⁷Ergo hii tales relinquentes statim quae sua sunt et uoluntatem propriam deserentes, ⁸mox exoccupatis manibus et quod agebant inperfectum relinquentes, uicino oboedientiae | pede iubentis uocem f⁰ 28v factis sequuntur. ⁹Et ueluti uno momento praedicata magistri iussio et perfecta discipuli opera in uelocitate timoris dei ambae res communiter citius explicentur.

¹⁰Sed haec paucorum perfectorum forma infirmorum et pigrium animos in desperatione sua satis non reddat adtonitos, sed moneat imitandos. ¹¹Nam considerantes in nobis diuersa esse uasa flebilia, cum multum in diuersis pigritiae contulit tarda natura — ¹²nam quorumdam auditus noscuntur surdo stupore hebescere, quorumdam etiam animos fusione subita in siluosis cogitationibus cernimus aberrare —, ¹³ideoque re-

---

XVIII 5 Ps 17, 45   **6** Lc 10, 16

XVIII tit. resp] rs̄p
5 obauditu auris *bis scr.*   **8** iuuentis   **9** unono   **10** imitandus   **11** multis   **12** hebescere] euiscere

---

XVIII: ex Regula Magistri VII tit.—15; 20—74
tit. interrogatio discipulorum: VII *praem.* | resp dns] respondit dominus per magistrum   **8** relinquentes] derelinquentes

missius districtionem oboedientiae in doctoribus relaxamus,
ut conbinata praeceptione discipulis et iussionem suam ma-
f° 29 gistrum non pigeat repetere, ¹⁴secundum tes|timonium do-
mini, qui uocans Abraham, nomen eius denuo repetiuit dicens: *Abraham, Abraham.* ¹⁵Quae ergo repetitio manifestat
nobis dominum ostendisse non posse sufficere unam uocem
auditui, ¹⁶ut quamuis tardi aut neglegentes sint auditores,
cum secundo eis dicta primitus repetuntur, usque adeo
dignum est, ut secunda iam oboedientibus factis mora rum-
patur. ¹⁷Si uero tertia, quae absit contingat, in discipulis
oboedientiae mora si fuerit, culpa contumaciae reatui deputetur.

¹⁸Nam et illud de duabus uiis congrue hic et conuenienter
taxandum est, id est *latam, quae ducit ad interitum,* et *an-
gustam, quae ducit ad uitam.* ¹⁹In quibus duabus uiis diuersorum hominum oboedientiae gradiuntur, ²⁰id est, per latam
f° 29v uiam saecularium et sarabaitarum et girouagorum mona|cho-
rum, ²¹qui aut singuli aut bini aut terni sine maiore ipsi sibi
aequaliter uiuentes, ²²et pro alterno imperio quidquid cuique
placuerit sibi uicibus inuicem imperantes, et quae uoluerint
peculiariter in se defendentes, ²³cum in proprio unusquisque
consilio non uult se uinci, scandalum sibi tales numquam faciant esse absentem. ²⁴Mox ⟨post⟩ studiosam litem male congregati a se inuicem separantes, ²⁵et sicut grex sine pastore

---

14 Gn 22, 1   **18** Mt 7, 13—14   **25** cf. Mt 9, 36; Ez 34, 5;
3 Rg 22, 17

---

13 conuinata   **14** repitiuit *a. corr.*   **15** quaergo   **16** quamuis
tardi aut] quam tardia | dictam | adeo] a dō   **18** congruae   **21** bini] uini
22 inperantes | peculiater   **24** post *om.*   **25** occursuros

---

13 repetire   **15** *post* auditui *quattuor vv. add.*   **16** in prae-
ceptionibus uero ideo magistri iussio repetitur *praem.*   **17** contingat] ut
praem.   **21** aut² *deest* | aut³] et | uiuentes] et uoluntarie ambulantes *add.*

aberrans, per diuersa disparsus, sine dubio lupi faucibus occursurus, [26]prouidente sibi non deo, sed arbitrio proprio nouas iterato cellas, et de se solo sibi soli abbatis nomine inponentes, monasteria uideas pluriora esse quam monachos.

[27]In hoc enim uia lata talibus creditur ambulari, cum in nomine monachi communi more uiuentes cum laicis, solo tonsurae habitu | separati, oboedientias suas magis desideriis f° 30 subministrant quam deo, [28]et suo iudicio putant sibi licere quae mala sunt, [29]et quidquid noluerint, hoc putant non licere, [30]et acceptum ducentes, ut cogitationibus suis corpori eorum magis prouideatur quam animae, [31]id est ut uictum et uestitum et calciarium magis sibi melius ipsi posse cogitare quam alium. [32]Nam de futuris ratiociniis animae neglegendo ita se reddunt securos, ut, sine maiorum probationibus sub proprio arbitrio militantes, credunt se omnem legem et iustitiam dei perfecte in cellula operari. [33]Nam si forte superuenientium quorumdam maiorum cum emendationum quaedam eis monita ministrantur et inutilis eis docetur talis solitaria dispositio habitandi, mox ei displicet cum ipsa doctoris | f° 30v persona consilium. [34]Et statim non in consentiendo ei uel in sequendo eum emendationem promittunt, sed respondunt se uiuere debere simpliciter, [35]nescientes illud quod dixit propheta: *Corrupti sunt et abominabiles facti sunt in uoluntatibus suis*, [36]et illud testimonium Salomonis, quod dicit: *Sunt uiae, quae uidentur hominibus rectae, quarum finis usque ad profundum inferni demergit.*

---

35 Ps 13, 1   **36** Prv 16, 25; cf. Prv 14, 12 et Mt 18, 6

---

26 prouidentes | abbati   **27** ambulare | tunsurae   **28** iudicio] iudio   **32** securus | perfectae | cellulam   **35** boluntatibus

---

27 talibus] a talibus   **29** quidquid] uoluerint hoc dicunt sanctum et quod *add.*   **31** ut *deest* | et[1] *deest*

³⁷Ideo enim uia lata a talibus ambulatur, quia quocumque eos desideriorum duxerit pes, mox adsensus sequuntur, ³⁸et quidquid concupierint concupiscentiae eorum, ilico paratissimus seruit effectus. ³⁹Et nouas sibi licentiae calles uel liberi sine arbitrio magistri facientes, uiam uitae suae inlicitis uoluptatum diuersitatibus delatant, ⁴⁰et quacum|que eorum delectationes uoluerint progredi, licentes et patibulos sibi praebeunt gressus, ⁴¹illud semper scire nolentes, quia *homini creato mors iuxta introitum delectationis posita est*, ⁴²et quod eis dictum sit: *Post concupiscentias tuas non eas et a uoluntatibus tuis auertere*, surdo auditu pertranseunt.

f° 31

⁴³E contrario, quibus uero ad uitam aeternam ambulandi amor incumbit, ideo angustam uiam arripiunt. ⁴⁴ut non suo arbitrio uiuentes uel desideriis suis et uoluptatibus oboedientes, sed ambulantes alieno iudicio et imperio, ⁴⁵non solum in supradictis desideriis suis et uoluptatibus coartantur et facere suum nolunt, cum possunt, arbitrium, ⁴⁶sed etiam alieno se imperio subdunt et in coenobiis degentes abbatem sibi prae- | esse, non nomen ipsud sibi inesse desiderant. ⁴⁷Sine dubio hii tales illam domini imitantur sententiam, quae dicit: *Non ueni facere uoluntatem meam, sed huius qui me misit.* ⁴⁸Et proprium non facientes arbitrium, abnegantes propter Christum semetipsos, sequuntur deum, quocumque abbatis praeceptio duxerit.

f° 31 v

---

41 *Passio Sebastiani* 14   **42** Sir 18, 30   **47** Jo 6, 38   **48** cf. Mt 16, 24

---

38 seruit] seuit   **39** nobas | calles] colles   **40** quacumque] quacum *in fine pag.*   **41** introintroitum   **44** aruitrio *a. corr.* | amuulantes *a. corr.*   **46** cenobis

---

37 adsensu   **39** arbitrio magistri] magistro arbitrii   **40** gressos   **47** huius] eius

⁴⁹Et non solum de temporalibus necessariis, id est uictum et uestitum, non coguntur sibi sub abbatis sollicitudine cogitare, sed et de futuris suae ratiociniis animae, ⁵⁰solam in omnibus praeceptori oboedientiam ministrando, de ceteris utilitatibus suis tam corporis quam animae redduntur securi, ⁵¹quia siue bene, siue male, pastori incumbit, quod in ouibus exercetur, ⁵²et illum tanget in discussionis iudicio rationem reddere, qui imperauit, non qui imperata perfecit, siue | bona, fᵒ 32 siue mala.

⁵³Ideo enim uia angusta a talibus creditur ambulari, quia propria in eis desideria minime adimplentur et non quod uolunt perficiunt, ⁵⁴sed alieni iudicii iugum trahentes, quo ire delectationibus suis uoluerint, repelluntur, et a magistro eis, quod agere aut facere uoluerint, denegatur. ⁵⁵Amaricatur uoluntati eorum cottidie in monasterio pro domino, et ad probationem quaque iniuncta fuerint, sustinent uelut in martyrio patienter, ⁵⁶sine dubio illud domino cum propheta dicturi in monasterio: *Propter te morti adficimur tota die, extimati sumus ut oues occisionis,* ⁵⁷et item postea dicturi in iudicio domino: *Probasti nos, deus, igne nos examinasti, sicut igne examinatur argentum.* ⁵⁸*Induxisti nos in laqueum. Posuisti tribulationes in dorso nostro.* ⁵⁹*Inposuisti homines super* | ⟨*ca-* fᵒ 32v *pita nostra.* ⁶⁰Cum ergo dicent: *Inposuisti homines*⟩ *super capita nostra,* noscuntur habere super se debere maiorem constitutum uice dei, quem in monasterio timeant. ⁶¹Et subsequente testimonio, conuenienter domino dicunt in illo iam

---

56 Ps 43, 22   57—59 Ps 65, 10—12   60 Ps 65, 12   61 Ps 65, 12

---

49 abbatisollicitudine | rationiniis *a. corr.*   54 repellentur *a. corr.*   59 hominesuper *a. corr. post. m.* | capita nostra *om.*   60 cum *usque* homines *om.*   61 testimonium *p. corr.*

---

49 et uestitum] uestitum et calciarium   55 quaeque   61 subsequentes testimonium | conuenienter] item *add.*

saeculo: *Transiuimus per ignem et aquam, et induxisti nos in refrigerium,* [62]hoc est: transiuimus per amaricationes uoluntatum nostrarum, et seruitio oboedientiae peruenimus ad tuae refrigerium pietatis.

[63]Sed haec ipsa oboedientia tunc acceptabilis erit deo et dulcis hominibus, si quod iubetur, non trepide, non tepide, non tarde, uel cum murmurio uel cum responso nolentis efficiatur, [64]quia oboedientia, quae maioribus praebetur, deo datur, sicut dicit dominus doctoribus nostris: *Qui uos audit, me audit,* [65]et alibi dicit: *Obauditu auris obaudiuit mihi*; [66]ergo ipsa oboedientia si cum bono animo a discipulis praebea|tur, quia *hilarem datorem diligit deus.* [67]Nam si cum malo animo discipulus oboedit, si non solum nobis de ore, sed deo de corde inproperat, quod malo animo facit, [68]et quamuis impleat quod ei fuerit imperatum, tamen acceptum iam non erit deo, qui cor eius respicit murmurantem, [69]et quamuis faciat quod iubetur, tamen cum malo illud animo facit, [70]nullam ei de ipso mercedem dominus inputabit, cum scrutans mox deus cor eius, triste facientis uotum in eo inuenerit.

f° 33

[XVIIII] Cum hora diuini officii aduenerit, mox debere fratrem ad oratorium festinare

R̅E̅S̅P̅

[1]Cum aduenisse diuinam horam percussus in oratorio indix monstrauerit, mox laborantes opus proiciant, artifices

---

63 cf. Rm 14, 18; 1 Pt 2, 5   **64** Lc 10, 16   **65** Ps 17, 45   **66** 2 Cor 9, 7   **70** cf. Ps 7, 10

---

61 transibimus | aqua   **62** transibimus   **63** dulcius | trepidae | tepidae | tardę   **70** inputauit | tristae | inuenerit] innuerit   **XVIIII** tit. fratrem] cratem *a. corr.* | r̅s̅p   **1** diuinina hora | artfices

---

67 si[1] *deest* | deo] et deo   **70** ipso] ipso facto | cor] corda   **XVIIII: ex Regula Magistri LIIII**   tit. LIIII *praem.* | fratres | resp *deest*

ferramenta dimittant, scribtores litteras non integrent. ²Om-
nis fratrum manus deserat quod agebat. Festinet statim cum
grauitate pes | ad oratorium, sensus ad deum, ut mox ad pri- f° 33v
mam orationem occurrant, ³et tamquam apes ad mel, intran-
tium in oratorium fratrum examen ebulliat, ⁴ut qui tacitus erat
sancti oratorii locus, statim psalmorum clamoribus impleatur,
et silentium loci sancti ad relictas migret officinas et opera.

    ⁵Cum uero indix in oratorium semper percussus fuerit,
mox omnes audientes, antequam currant, faciant sibi crucem
in fronte, respondentes «deo gratias».

[XX] De quot passibus frater, relicto labore, ad oratorium debeat occurrere

RESP

    ¹Cum sonauerit indix, laborans frater aut solus aut multi,
mox relicto ferramento, perpendat si debeat ad oratorium
festinare aut non, ²et hoc liceat, ut de quinquaginta pedibus
longe a monasterii limen cum grauitate debeat ad oratorium | f° 34
festinare; ³quod si supra hunc numerum fuerit loci longin-
quitas, iam non uadat, ⁴sed ibi, relicto de manibus ferramento,
suam flectens ceruicem, quae aguntur in oratorio genua, opus
dei sibi lente dicant.

    ⁵Aut si urguet fratrem quaeuis opera facienda, psalmos
ibi, tamen cum gloriis suis, conternet; ⁶nam ipsae gloriae

XX **tit.** quod | debeant | rsp
6 ipse

---

1 litteram   **5** oratorio
XX: ex Regula Magistri LV tit.—6; 8—11; 13—18

    tit. interrogatio discipulorum: LV *praem.* | debet | resp] respon-
dit dominus per magistrum   **1** indix] ab abbate percussus *add.* |
perpendat] extimatione oculorum suorum citius *praem.*   **2** liceat]
eligat | pedibus] passibus   **3** uadant   **4** dicant] et ipsi *add.*
5 ibi] sibi   **6** quia gloriae illae quae inter eos dicuntur pro orationibus
constant *praem.*

flexo semper capite a psallente dicantur. [7]Conplens sibi ipse, mox quod faciebat repraehendat.

[8]Ideo enim, si plus a quinquaginta passibus longitudo fuerit loci, a laborante fratre iam non diximus ad oratorium ambulari, [9]ne currentes de longe fratres festinatione nimia, concito certatim inter se cursu, non cum grauitate sed cum lasciuia currant, [10]et lassatis longo itinere, cum tarde ingressi oratorium fuerint, palpitante post uiam stomacho, uocem f⁰ 34v psalmi non ualeant adimplere, | [11]et tunc in despectione... [12]et damnum constitutae horae longinquitas faciat.

[13]Intra monasterium uero qui urguentibus communis utilitatis necessitatibus occupantur, [14]clara uoce, cum a psalmo cessatur et orationi incumbitur, petant ad oratorium se debere haberi in mente, [15]et tamen in eodem loco, in quo occupantur, lente sibi opus dei, sequendo oratorii uocem, adimpleant. [16]Et explicatis simul per uices psalmis, in eodem loco, in quo stant aut sedent, in orationibus genua flectant.

[XXI] De fratribus qui ad opus dei tarde occurrunt

$\overline{\text{RESP}}$

[1]Frater qui nocturnis et matutinis et lucernariis primam orationem aut psalmum perdiderit, foris eum in terrore aput

---

8 ambulare 10 adinplere 15 adinpleant
XXI tit. r͞sp
1 fratres

---

6 *post* dicantur *unum v. add.* 7 quibus expletis cum uersu et oratione *praem.* 8 a laborante] ab laborante 10 lassati | *post* adimplere *unum v. add.* 11 despectione] desperatione uel damno suo spiritalis frater uersetur et grauiter contristatus quod non meruit opus dei nec in agro inplere nec in oratorio 12 horae] ei *add.* 16 simul et explicatis *transp.*

XXI: ex Regula Magistri LXXIII
tit. LXXIII *praem.* | resp *deest* 1 nocturnis et] in nocturnis | foris eum in terrore] agitato ei in oratorio in terrore capite foris eum

semetipsum de emendatione abbas moneat. [2]Si secundam
orationem uel psalmum perdiderit, ibi in oratorio praesente | f⁰ 35
congregatione post psalmum expletum corripiatur acerbe. [3]Si
uero post tertiam orationem uel psalmum intrauerit, mox
una cum decano suo foris de oratorio excommunicati iactentur, [4]et non prius ad ueniam reuertantur, nisi humilitatis
satisfactio ab eis aequaliter ante limen oratorii fuerit operata.
[5]Sed hoc ut superiori titulo diximus de intra quinquaginta
passus longitudine.

    [6]In tertia uero, sexta et nona, qui post signum indicis
percussi ad primam orationem et primum psalmum non ac-
cucurrerit, in oratorio praesentibus omnibus acerbe corripiatur. [7]Post secundam uero orationem et secundum psalmum
qui occurrerit, etiam sic excommunicatus cum suis exeat praeposito, hoc est decano.

    [8]Ad mensae uero psalmum uel uersum qui non adfuerit,
semote et non signatum et sine data et accepta benedictione | f⁰ 35v
manducent et bibant, [9]sine alicuius eloquio usque dum se
leuet. [10]Et merito sine alicuius eloquio hominis debet reficere,
quia ante refectionem cum deo non est locutus. [11]Posteriori
uero uersu mensae qui non adfuerit deo post refectionem
gratias redibere, in sequenti refectione talem poenam in
sequestrando suscipiat, qualem ille qui ante refectionem cum
domino non est locutus.

    [12]Haec uero correptiones uel excommunicationes dum-
taxat his constitutae sunt, qui sunt uoluntatis neglegentia

---

    2 acerue   **4** reuertantur] reuertan *in fine lin.* tantur | humili-
tatisfactio   **6** indiciis | acerue   **8** mensam | uel *bis scr.* | et³ *sup. lin.*
10 locutus] locus   **11** mensę | retibere   **12** uel] uex

---

    3 decano suo] praepositis suis   **6** tertia uero] prima uero tertia
7 et] uel | etiam] iam | praeposito hoc est decano] praepositis foris   **8**
psalmum] antifanam | uersum] priorem *add.*   **9** leuent   **10** quia]
qui   **11** domino] deo

tardi et nullis monasterii utilitatibus occupantur. [13]Qui etiam si propria uoce ad oratorium debere se ut absentes proclament in orationibus memorari, praetermittantur a fratribus, [14]et sciant se excommunicatos, quos non utilitas monasterii ⟨sed neglegentia occupauit. [15]Nam pro utilitate monasterii⟩ occupati digne absentes a praesentibus in orato|rio memorantur, [16]sic tamen occupati in eodem loco dicentes sibi opus dei et ipsi.

f⁰ 36

[17]Nam frater qui correptus in oratorio fuerit, etsi non oratorium iubeatur exire, tamen psalmum et responsorium aut lectionem aut uersum tandiu non inponat, [18]usque dum intra ipsum oratorium procul satisfecerit ad uestigia curuatus et in uoce humili petierit pro se orari.

[19]Occupatus absens in oratorio habeatur in mente. [20]Qui per neglegentiam aut tarditatem occupantur, tacite praetermittantur, quia potius peccatum adquiritur, nolentes deum in orationibus memorare.

[XXII] Post conpletorios neminem debere loqui

R̅E̅S̅P̅

[1]Expletis omnibus cum festinatione diei officiis, non sit occasio, unde loqui cogamur, dicentes: [2]«Iam enim hora est,

---

14—15 sed *usque* monasterii *om.*   17 oratorium] in *praem.*
19 oratorium   20 neglegentia | tarditate | tacitae
XXII tit. r̅s̅p.

---

18 procul] pro culpa | uestigia curuatus] genua incuruatus   19 occupatus] frater qui pro utilitate monasterii occupatur
XXII: ex Regula Magistri XXX tit.; 8—30
tit. interrogatio discipulorum: XXX *praem.* | resp] respondit dominus per magistrum   1 *septem vv. praem.* | expletis] ergo omnibus abbas dicat: eia fratres mouete uos ut *praem.* | cum festinatione diei officiis *deest* | dicentes *deest*

ut nos domino commendemus, ³et finitis ante | omnibus diei f° 36v
officiis, intrantes noctem, pariter os nostrum loquendi clau-
datur ad requiem et oculos ad soporem». ⁴Ergo ⟨ubi⟩ haec
omnia, cum adhuc loquendi et aliquid imperandi licentia tri-
buitur, omnia fuerint adimpleta, ⁵factis conpletoriis ideo in
ultimo dicent: *Pone, domine, custodiam ori meo et ostium*
continentiae circum labia mea, ⁶et *Signatum est super nos lumen*
uultus tui domine. ⁷Mox ingrediantur silentium et suis se con-
locent lectis et tanto silentio redigantur, ut usque ad nocturnos putetur nullus ibidem esse de fratribus.

⁸Ideo enim post conpletorios silere debemus, ut merito
in nocturnis primo dicamus domino: *Domine, labia mea*
aperies, et os meum adnuntiabit laudem tuam, ⁹hoc est, peta-
mus dominum debere aperire in nocturnis labia nostra, quae
sua custodia in conpletoriis clauserat. ¹⁰Uides er|go, quidquid f° 37
aperitur, agnoscitur prius fuisse clausum.

¹¹Sed ne forte, cum silentium custoditur, aliqua maior
necessitas utilitatis ad loquendum fratrem perurgueat et frater
fratri uult loqui, ¹²si lumen cicindeli aut lucernae fuerit, de
manu uel nutu capitis uel nutu oculorum, ¹³aut certe, si deest
lumen, frater ad fratrem necessarium uadat, et quod opus
fuerit, tamen ad aurem ei lente loquatur, ut alter tertius eum
non audiat. ¹⁴Simul et si frater aliqua necessitate post somnum ante nocturnos conpellatur loqui, ¹⁵prius uersum con-
suetum nocturnis dicat sibi lente, id est: *Domine, labia mea*

XXII 5 Ps 140, 3   **6** Ps 4, 7   **8** Ps 50, 17   **15** Ps 50, 17

---

3 diei] ante   **4** ubi *om.*   **7** ut] et   **8** aparies | adnun-
tiauit   **14** somnum] omnium   **15** dominus

---

3 ante *deest*   **5** ideo *deest* | dicent] dicant hunc uersum | conti-
nentiae *usque* mea] circumstantiae labiis meis   **6** *tot. deest*   **7** ibi-
dem] ibi   **8** silere] tacere   **11** maior *deest*   **14** loqui] aliquid
add.   **15** nocturni

aperies, et os meum adnuntiabit laudem tuam, [16]et loquatur
lente quod opus est.

[17]Nam manducandi aliquid aut bibendi uel aquam nullam
fratri post conpletorios permissionem concedimus.

f° 37v   [18]Si qui uero de extraneis | post conpletorios monasterio
aduenerit, a domesticis fratribus tacito ministerio recreentur
propter regulae constitutum, [19]et lotis eorum pedibus, con-
plentes postmodum sibi lente, et ipsi peregrinorum lectis dele-
gentur dormire. [20]Mox clausis ab hoc regiis, in suis et ipsi
ascendentes stratis, per horarum silentium et noctis adpetant
somnum.

[21]Si quis uero frater post conpletorios aut manducare
aut uel aquam bibere aut uerba contexere fuerit depraehensus,
hanc excommunicationis poenam suscipiat: [22]alia die in
ieiunio continuatus, tertia reficiat, qui praesumpsit inlicita.
[23]Quae excommunicationis poena tandiu in continuatione
permaneat, quamdiu per humilitatis satisfactionem de emen-
f° 38   datione promissa ab eo qui praeest uenia fuerit postulata. |

[XXIII] Refrenari debere liberum arbitrium fratrum
R̅ESP

[1]Frater qui uotum fecerit supra modum constitutum aut
ieiunare aut superponere [2]et sine iussu abbatis uoluerit aliqua

----

15 adnuntiauit   **18** ministerio] monasterio   **20** ipsis | adpetant]
adrepant   **21** aqua | suscipiant   **23** quae] qua | tamdiu | satisfactione
XXIII tit. rs̅p

----

16 lente *deest*   **18** conpletorios] perfectos *add.* | aduenerint | recre-
entur] et lente eis responsum reddatur *add.*   **20** hoc] ostiariis | ascen-
dentes] iacentes   **21** aut uerba contexere *desunt*   **22** die] accu-
satus *add.* | tertia] die *add.*   **23** qui praeest] ab abbate praesente aut a
praepositis
XXIII: ex Regula Magistri LXXIIII
tit. LXXIIII *praem.* | fratris arbitrium | resp *deest*   **1** superpo-
nere] aut abstinere *add.*

agere suae uoluntatis arbitrio, [3]magis non permittatur, quia
etiam per bonum ei subripit diabolus, ut propriam cogat facere
uoluntatem, [4]cum in monasterio non liceat fratri suam facere
uoluntatem.

[XXIIII] De disciplina psallendi

R̅E̅S̅P̅

[1]Tanta debet esse reuerentia et grauitas uel disciplina
psallendi, ut amabilius a domino, quam a nobis dicitur, audiatur, [2]sicut ait scribtura: *Bene psallite in iubilatione, quia
rectus est sermo dei,* [3]et iterum: *Exultate ei cum tremore,* [4]et
iterum: *Psallite domino sapienter.* [5]⟨Ergo si sapienter⟩ et cum
timore iubet psalli, oportet psallentem inmobili corpore, inclinato capite stare, et | laudes domino moderate canere, f° 38v
[6]quippe qui ministerium suum ante diuinitatem implet, [7]docente propheta, cum dicit: *In conspectu angelorum psallam tibi.*

[8]Nam considerare debet qui psallet semper, ne alibi
sensus eius emigret, [9]ne, cum in alia cogitatione sensus noster

---

XXIIII 2 Ps 32, 3—4   **3** Ps 2, 11   **4** Ps 46, 8   **7** Ps 137, 1
9 Mt 15, 8; cf. Is 29, 13 (LXX)

---

3 quia] qui
XXIIII tit. r̄s̄p
5 ergo si sapienter *om.* | moderatae   **6** diuinatatem | inplet
9 nec

---

3 cogat] fratrem *add.*   **4** liceat *usque* uoluntatem] licet fratri
sua facere uoluntate quod uult
   XXIIII: ex Regula Magistri XLVII tit.—22; 24
   tit. interrogatio discipulorum: XLVII *praem.* | resp] respondit dominus per magistrum   **1** reuerentia et] reuerentiae   **2** bene] exitus
matutini et uespere delectaberis (Ps 64, 9) et item *praem.* | psallite] ei *add.* |
dei] domini   **3** iterum] item   **4** iterum] item   **8** emigret] demigret

migrauerit, de nobis dicat deus: *Populus iste labiis me honorat, cor autem eorum longe est a me,* [10]et item de nobis dicetur: *Et dilexerunt eum in ore suo, et in lingua sua mentiti sunt ei,* [11]*cor autem eorum non erat rectum cum eo*; [12]et iterum de nobis dicatur: *Ore suo benedicebant et corde suo maledicebant,* [13]et ne cum in sola lingua deum laudamus, in sola regia oris nostri deum admittamus, et intus in domum cordis nostri introductum diabolum conlocemus. [14]Fortior enim ab introducente iudicatur qui intus ingreditur, quam qui foris | expectat. [15]Ergo ad tantum et talem officium cor pariter cum lingua conueniat cum timore domino cottidianum debitum redibere. [16]Et notet sibi in corde qui psallet ad singula omnia testimonia, quae dicit, quia singuli uersus, si notentur, proficiunt animae ad salutem, [17]et in eis totum inuenitur, quod quaeritur, quia omnia ad aedificationem loquitur psalmus, [18]dicente propheta: *Psallam et intellegam in uia inmaculata, quando uenies ad me.* [19]Qui sonat in uoce, ipse sit et in mente psallentis. [20]Psallamus ergo uoce et mente communiter, dicente apostolo: *Psallam spiritu, psallam et mente.* [21]Non solum uocibus, sed et corde ad deum clamare.

[22]Cauendum namque est, cum psallitur, ne frequens tussis aut anelus prolixus abundet aut saliuarum excreatus adsiduus, [23]aut narium spurcitiae detractentur. | [24]Haec omnia inpedimenta psallentibus cum diabolo fuerint ministrata, mox sibi qui psallet signet os crucis sigillo.

f⁰ 39

f⁰ 39v

10—11 Ps 77, 36—37   **12** Ps 61, 5   **17** cf. 1 Cor 14, 3 et 26
18 Ps 100, 1—2   **20** 1 Cor 14, 15

---

13 nostroductum | collocemus   **14** qui intus] quintus

10—12 dicetur *usque* nobis *desunt*   **23** detractentur] detractae a psallente inante iactentur sed debere fratrem post se proicere quia angeli ante psallentes docentur stare cum dicit propheta in conspectu angelorum psallam tibi (Ps 137, 1) ergo cum   **24** cum] a

[XXV] Qualis debeat esse abba

R̄ESP̄

[1]Abbas, qui praeesse dignus est monasterio, semper meminere debet quod dicitur et nomen maioris factis implere. [2]Christi enim agere creditur uices in monasterio, quando ipsius uocatur pronomine, [3]dicente apostolo: *Sed accepistis spiritum adoptionis filiorum, in quo clamamus: abba, pater.* [4]Ideoque hic abbas nihil, extra praeceptum domini quod sit, debet aut docere aut constituere aut iubere, [5]ut iussio eius uel monitio siue doctrina fermentum diuinae iustitiae in discipulorum mentibus conspargatur. [6]Memor semper abbas quia doctrinae suae uel discipulorum oboedientiae, ambarum rerum in tremendo iudicio domini facienda | erit discussio. [7]Et sciat f° 40 abbas culpae pastoris incumbere, quidquid in ouibus paterfamilias utilitatis minus potuerit inuenire. [8]Tantumdem iterum erit, ut, si inquieto uel inoboedienti gregi pastoris fuerit omnis diligentia adtributa et morbidis earum actibus uniuersa fuerit cura exhibita, [9]pastor eorum in iudicio domini absolutus dicat cum propheta domino: *Non abscondi in corde meo ueritatem tuam, et salutare tuum dixi. Ipsi autem* contemnentes *spreuerunt* ⟨me⟩. [10]Et tunc demum inoboedientibus curae suae ouibus poena sit praeualens ipse mortis morbus.

XXV **3** Rm 8, 15   **5** cf. Mt 13, 33   **9** Ps 39, 11 | Is 1, 2

XXV **tit.** r̄sp
1 meminere] eminere | inplere   **3** acceptis   **6** quia] qui **7** minus *bis scr.*   **g** salutarem | me *om.*

XXV: ex Regula Magistri II tit.—10; 23—25; 32—34; 37—40; 51
tit. interrogatio discipulorum: II *praem.* | abbas | resp] respondit dominus per magistrum   **3** clamamus] domino *add.*   **10** sit] eis *add.* | *post* morbus *duodecim vv. add.*

¹¹In doctrina sua namque abbas apostolicam debet illam formam seruare, in qua dicit: *Argue, obsecra, increpa,* ¹²id est, miscens temporibus tempora, terroribus blandimenta, dirum magistri, pium pastoris ostendat | affectum, ¹³id est, indisciplinatos debet ⟨et⟩ inquietos arguere, oboedientes, mites ut in melius proficiant obsecrare, neglegentes et contemnentes ut increpet admonemus.

¹⁴Meminere semper debet abbas quod est uel dicitur, et scire ⟨quia⟩ *cui plus creditur, plus ab eo exigitur.* ¹⁵Et sciat quia ⟨qui⟩ suscipit animas regendas, paret se ad rationes reddendas. ¹⁶Et quantum sub sua cura fratrum se habere scierit numerum, agnoscat pro certo quia in die iudicii ipsarum omnium animarum tantas est redditurus domino rationes, sine dubio addita et sua. ¹⁷Ideoque debet semper cautus esse magister, ¹⁸ut omnia quae imperat, omnia quae docet, omnia quae mandat, de praeceptis dei iustitia dictante monstretur, quod futuro iudicio non condamnetur; ¹⁹timens semper futuram discussionem de creditis sibi | ouibus, quia et cum de aliis ratiociniis cauet, redditur de suis sollicitus, ²⁰et cum de monitionibus suis emendationes aliis subministrat, ipse efficitur a uitiis emendatus.

f° 40v (margin)

f° 41 (margin)

---

11 2 Tm 4, 2   **14** Lc 12, 48   **16** cf. Hbr 13, 17

---

12 terroribus] terribus   **13** et¹ *om.*   **14** quia *om.*   **15** qui *om.*   **16** ipsam | tanta   **19** ratiocinis

---

11 illam] semper *add.*   **12** pastoris] patris   **13** mites] et patientissimos *add.* | *post* admonemus *sex vv. add.*   **14** debet abbas semper *transp.* | uel] meminere quod   **16** *post* et sua *duos vv. add.*   **18** mandat] emendat | condemnetur   **19** discussionem] pastoris *add.* | sibi *deest* | aliis] alienis   **20** *post* emendatus *decem vv. add.*

²¹Ergo abbas sanctae huius ⟨artis⟩ sit artifex, non sibi ipsius artis, sed domino adsignans mysterium, cuius in nobis gratia fabricatur, quidquid a nobis sancte perficitur.

[XXVI] Qualis debeat esse praepositus

R̅E̅S̅P̅

¹Non sit duplicis fidei. ²Dominetur carni suae iuxta mensuram sanctorum. ³Non sequatur cordis sui cogitationes sed legem dei. ⁴Non resistat sublimioribus potestatibus tumenti animo. ⁵Non fremat super humilioribus. ⁶Non neglegat peccatum animae suae. ⁷Ne uincatur carnis luxuria. ⁸Ne ambulet neglegenter. ⁹Ne loquatur uerbum otiosum. ¹⁰Ne ponat scandalum ante pedes caeci. ¹¹Non doceat uoluptatem animam suam. ¹²Non resoluatur | risu ac ioco stultorum. ¹³Non f⁰ 41v

---

XXVI 4 cf. Rm 13, 1   9 cf. Mt 12, 36   10 cf. Lv 19, 14

---

21 artis¹ *om.* | sancte] sanctae
XXVI tit. r̅s̅p
1 fide   **12** iocus

---

21 ergo] qui *praem.* | mysterium] ministerium | *post* perficitur *unum v. add.*
XXVI: ex Regula Pachomii CLIX (Praecepta et Instituta 18)
tit. *deest* | resp *deest*   **1—2** non *usque* sanctorum] praepositus non inebrietur. ne sedeat in humilioribus locis iuxta uasa monasterii. ne rumpat uincula quae deus in caelo condidit ut obseruentur in terris. ne lugeat in die festo domini saluatoris. dominetur carni suae iuxta mensuram sanctorum. non inueniatur in excelsis cubilibus imitans morem gentilium. non sit duplicis fidei   **4** tumenti animo potestatibus *transp.*   **5** super] neque hinniat *praem.* | humilioribus] humiliores. ne transferat terminos. non sit fraudulentus neque in cogitationibus uerset dolos   **6** ne   **8** non   **9** ne] non cito   **10** non **12** stultorum ac ioco *transp.*

rapiatur cor eius ab his qui inepta loquuntur ac dulcia. ¹⁴Non
uincatur muneribus. ¹⁵Non paruulorum sermone ducatur.
¹⁶Non adfligatur in tribulatione. ¹⁷Ne timeat mortem sed
deum. ¹⁸Ne praeuaricator sit propter inminentem timorem.
¹⁹Non relinquat uerum lumen propter modico cibo. ²⁰Non
natet ac fluctuet in operibus suis. ²¹Non mutet sententiam,
sed firmi sit solidique decreti, iustus, cuncta considerans in
ueritate absque adpetitu gloriae, manifestus deo et hominibus,
et fraude alienus. ²²Ne ignoret conuersationem sanctorum.
²³Nulli noceat prae superbia. ²⁴Non sequatur concupiscentias
oculorum suorum. ²⁵Non eum superent incentiua uitiorum.
²⁶Non praetereat ueritatem. ²⁷Oderit iniustitiam. ²⁸Non iudicet secundum personam pro muneribus. ²⁹Nec condemnet
f⁰ 42 ani|mam innocentem prae superbia. ³⁰Non rideat inter
pueros. ³¹Non deserat ueritatem timore superatus. ³²Non desideret alteram terram. ³³Non despiciat eos qui indigent
misericordiam. ³⁴Ne falsum testimonium dicat seductus. ³⁵Ne
contendat contra ueritatem ob timorem animi. ³⁶Ne perdat

---

19 *uerum lumen,* cf. Jo 1, 9   **24** cf. Sir 5, 2   **28** cf. Is 5, 23
33 cf. Prv 11, 12   **34** cf. Ex 20, 16   **36** cf. Sir 20, 24

---

19 uerum] uerbum | ciuo   **20** notet | operibus] peribus   **21** soli-
que | et deo *transp.*

---

13 ac] et   **16** ne   **19** modicos cibos   **21** in] iudicans *praem.* |
fraude alienus] a fraude procul   **22** sanctorum] nec ad eorum scientiam
caecus existat *add.*   **23** prae superbia] per superbiam   **24** ne   **26** ueritatem numquam praetereat   **28** secundum personam numquam iudicet
pro muneribus   **29** ne | prae superbia] per superbiam   **31** superatus]
non comedat panem de fraudulentia *add.*   **32** alteram] alienam | terram]
non opprimat animam propter aliorum spolia *add.*   **33** ne | misericordia
34 dicat testimonium *transp.* | seductus] lucro *add.*   **35** ne mentiatur
propter superbiam *praem.* | tumorem | animi] ne deserat iustitiam propter
lassitudinem *add.*   **36** uerecundiam] ne respiciat dapes lautioris mensae
add.

animam suam propter uerecundiam. ³⁷Ne pulchra uestimenta desideret. ³⁸Semper diiudicet cogitationes. ³⁹Quando iudicat, sequatur praecepta maiorum et legem dei quae in toto orbe est. ⁴⁰Nulli detrahat. ⁴¹Neminem oderit. ⁴²Non murmuret. ⁴³Forma sit fratribus in bono. ⁴⁴Discutiat se semper, ⁴⁵et non desinat orare. ⁴⁶Nulli malum pro malo reddat.

[XXVII] De generibus uel ordine et actus et uita monachorum in coenobiis

RESP

¹Monachorum quattuor esse genera manifestum est. ²Primum coenobitarum, hoc est monasteriale, militans sub re|gula uel abbate.   fº 42v

³Deinde secundum genus est anachoritarum, qui non conuersionis feruore nouicio, sed monasterii probatione diuturna, ⁴qui didicerunt contra diabolum multorum solacio iam docti pugnare, ⁵et bene instructi fraterna ex acie ad singularem pugnam heremi, securi iam sine consolatione alterius sola manu uel brachio contra uitia carnis uel cogitationum cum deo et spiritu repugnare sufficiunt.

---

40 cf. Prv 20, 13 (V. L.)   41 cf. Lv 19, 17   42 cf. Sap 1,11
43 cf. 1 Pt 5, 3   45 cf. 1 Th 5, 17   46 cf. 1 Pt 3, 9

XXVII tit. coenobis | rēsp
3 anachoritarum] monachoritarum   5 uel²] ue

---

38 ne senes neglegat ut *praem.* | cogitationes] suas *add.*   39 ne inebrietur uino sed humilitatem iunctam habeat ueritati *praem.* | est] praedicata est *deinde septemdecim lineas add.*   40—46 *desunt*
XXVII tit.—36: ex Regula Magistri I tit.—15; 72—92
tit. incipit *praem.* | ordine et] potus uel | resp *deest*   2 coenobiotarum
3 anachoritarum] id est heremitarum horum *add.*

⁶Tertium uero monachorum deterrimum genus est sarabaitarum, quem melius adhuc laicum iam dixissem, si me propositi sancti non inpediret tonsura. Qui nulla regula adprobati et experientia magistro *sicut aurum fornacis*, sed in plumbi natura molliti, ⁷adhuc factis seruantes saeculo fidem, mentiri deo per tonsuram noscuntur. ⁸Qui bini aut terni aut

f⁰ 43 certe singuli sine pastore, non | dominicis sed suis inclusi ouilibus, pro lege eis est desideriorum uoluntas, ⁹cum quidquid putauerint uel legerint. hoc dicunt sanctum, et quod noluerint hoc putant non licere. ¹⁰Et dum in proprio arbitrio quaerunt habere cellas, arcellas et rescellas, ignorant quia perdunt suas animellas.

¹¹Simul et hii qui nuper conuersi inmoderato ⟨feruore⟩ heremum putant esse quietem, ¹²et non putantes insidiari et nocere diabolum, singularem cum eo pugnam indocti et securi inuadunt, sine dubio docti lupi faucibus occursuri.

¹³Quartum uero genus est monachorum nec nominandum, quod melius tacerem quam de talibus aliquid dicerem, ¹⁴quod genus nominatur girouagorum, qui tota uita sua per diuersas prouincias ternis aut quaternis diebus per diuersorum cellas

f⁰ 43v et monasteria hospitantes, ¹⁵cum pro hospi|tis aduentu a diuersis uolunt cottidie nouiter suscipi, ¹⁶ut humiles intrant hospites solo capite inclinanti, deinde superbi et uelut ingrati post biduum migraturi. ¹⁷Et ueluti quibus diuersorum actus ⟨et⟩ omnium monasteriorum disciplina non placeat, eligunt magis girare quam sistere. ¹⁸Qui per diuersa semper uagando

---

XXVII 6 Sap 3, 6   7 cf. Ps 80, 16

6 arabaitarum | tonsora *a. corr.*   8 ouilibus] obibus   11 feruore *om.*   14 girobagorum   15 aduentum   16 capitinclinanti | uiduum   17 et² *om.* | eligunt] elilunt *(?) a. corr.* | magis girare] magirare 18 diuersas | sua *om.*

6 iam *deest*   9 elegerint   15 *post* suscipi *quinquaginta sex vv. add.*   16 et cottidie nouiter diuersorum cellas *praem.* | inclinati   17 actus] uita et actus | girare] ambulare

ignorant aput quem tedia ⟨sua⟩ suscipiant, et quod est ultimum, nesciunt ubi suam constituant sepulturam.

[19] Unde magnum extimantes primum genus coenobitarum, cuius militia uel probatio uoluntas est dei, ad ipsorum regulam reuertamur.

[20] Fratres, clamat nobis cottidie dominus dicens: *Conuertimini ad me, et ego conuertar ad uos.* [21] Conuersio ergo nostra ad deum, fratres, non aliud est nisi a malis reuersio, dicente scribtura: *Diuerte a malo et fac bonum.* [22] A quibus | autem f° 44 malis cum auertimur, dominum intuemur, [23] et ille nos statim suo inluminans uultu, donans nobis adiutorium suum, mox gratiam suam petentibus tribuit, quaerentibus ostendit, pulsantibus patefecit. [24] Haec tria domini dona concessa ipsi conueniunt, qui dei uoluerint, non suam facere uoluntatem, quia aliud nobis dominus in spiritu imperat, aliud caro [concupiscentia] cogit ⟨in⟩ anima, [25] et *quis a quo uictus fuerit, ipsius et seruus est.*

[26] Ecclesiae suae namque dominus secundum trinitatis nomine tres gradus doctrinae constituit, *primum apostolorum, secundum prophetarum, doctorum tertium,* [27] sub quorum imperio uel doctrina Christi regerentur ecclesiae et scolae, [28] ut pastorum uice sanctis ouilibus diuinas oues et claudant et doceant, dicente domino per Esaiam prophetam: *Dabo uobis pastores | secundum cor meum, et pascent uos pascentes cum* f° 44v *disciplina,* [29] et ipso domino dicente Petro: *Simon Iohannis,*

---

20 Za 1, 3   **21** Ps 33, 15   **23** *nos — uultu,* cf. Ps 66, 2 | *mox —* *patefecit,* cf. Mt 7, 7; Lc 11, 9   **25** 2 Pt 2, 19   **26** 1 Cor 12, 28; cf. Eph 4, 11   **28** Jr 3, 15   **29** Jo 21, 17

---

19 coenouitarum | regula   **20** clamant   **24** in² *om.*   **25** et² *post. m. est a. corr.*   **28** ouilibus] ouibus | cormmeum   **29** iohannes

---

19 unde] ergo *add.* | existimantes   **23** patefacit   **24** concupiscentia *deest*   **26** grados | primum prophetarum apostolorum secundum *transp.*

pasce oues meas, [30]*docentes eas seruare ea quae mandaui uobis.*
Et ecce ego uobiscum sum omnibus diebus, usque ad consumma-
tionem saeculi.

[31]Ideoque omnes quibus insipientia mater est, expedit
sub unius esse potestate maioris, ut doctoris arbitrio ambu-
lantes iter uoluntatis propriae discant nescire. [32]Per doctorem
enim nobis imperat dominus, quia, sicut dixit superius, cum
ipsis doctoribus est semper *omnibus diebus usque ad consum-*
mationem saeculi, [33]sine dubio non aliud nisi nos aedificaturus
per eos, dicente ipso domino discipulis suis doctoribus nostris:
Qui uos audit, me audit, et qui uos spernit, me spernit. [34]Ergo
si, quae a doctoribus audimus, et facimus, non iam quae
uolumus exercemus, [35]ut | in die iudicii nihil habeat in nobis,
quod secum diabolus uindicet in gehenna, [36]quando in nobis
hoc semper egit dominus, quod adiudicaret ad gloriam.

[37]Ergo praeparanda sunt corda nostra sanctae praecep-
torum oboedientiae militanda. [38]Et quod minus habet in nos
natura possibile, rogemus dominum, ut gratiae suae iubeat
nobis adiutorium ministrare. [39]Et si fugientes gehennae
poenam, ad uitam uolumus peruenire, [40]dum adhuc et in
hoc corpore sumus et haec omnia per hanc lucis uitam uacat
implere, [41]currendum et agendum est modo, quod in perpetuo
nobis expediat. [42]Constituenda est ergo nobis dominici scola
seruitii, [43]ut ab ipsius numquam magisterio discedentes et

f⁰ 45 — *(margin)*

---

30 Mt 28, 20　　　**32** Mt 28, 20　　　**33** Lc 10, 16　　　**40—41** cf.
Jo 12, 35

---

33 dubi | aedificaturos | discupulis *a. corr.*　　　**42** seruiti　　　**43** num-
quam *bis scr.* | discendentes *p. corr. pr. m. (?)* | doctrinam *a. corr.*

---

31 insipientia] adhuc *praem.*
XXVII **37—43**: ex Regula Magistri Ths **40—46**
37 nostra] et corpora *add.*　　　**39** uolumus] perpetuam *add.*　　　**40** ad-
huc] uacat *add.* | hoc *deest*

in huius doctrina usque ad mortem in monasterio perseueran-
tes, passioni Christi per patientiam mereamur esse participes, | f⁰ 45v
ut in regno eius dominus nos faciat coheredes.

[XXVIII] De doctrina discipulorum et gratia humilitatis et profectus in deo quibus modis adquiritur uel adquisita seruatur

R̄ESP̄

¹Clamat nobis scribtura diuina, fratres, dicens: *Omnis qui
se exaltat, humiliabitur, et qui se humiliauerit, exaltabitur.*
²Cum haec ergo dicit, ostendit nobis omnem exaltationem
genus esse superbiae. ³Quod se cauere propheta indicat, dicens: *Domine, non est exaltatum cor meum neque elati sunt
oculi ⟨mei⟩.* Et item repetit: *Neque ambulaui in magnis neque
in mirabilibus super me.* ⁴Sed quid, *si non humiliter sentiebam,
sed exaltaui animam meam? Sicut ablactatum super matrem
suam, ita retribues in animam meam.*

⁵Unde, fratres, si summae humilitatis uolumus culmen
adtingere et ad exaltationem illam caelestem, ad quam per | f⁰ 46

---

43 *in — perseuerantes,* cf. Act 2, 42; Phil 2, 8; 2 Jo 9 | *passioni —
coheredes,* cf. 1 Pt 4, 13; Rm 8, 17
XXVIII 1 Lc 14, 11   **3** Ps 130, 1   **4** Ps 130, 2

XXVIII tit. r̄s̄p
3 mei *om.*   **4** ablactum

---

43 in regno] et regno | coheredes] amen. explicit thema regulae *add.*
XXVIII: ex Regula Magistri X tit.—14; 16; 18—38; 40—45; 48—122
tit. interrogatio discipulorum: X. de humilitate fratrum qualis debeat
esse uel quibus modis adquiritur uel quomodo adquisita seruatur | resp]
respondit dominus per magistrum   **1** et] omnis *add.* | humiliauerit]
humiliat   **4** sed²] si

praesentis uitae humilitatem ascenditur, uolumus uelociter
peruenire, ⁶actibus nostris ascendentibus scala illa erigenda
est, quae erecta in caelum in somnio Iacob apparuit, per quam
ei descendentes et ascendentes angeli monstrabantur. ⁷Non
aliud sine dubio descensus ille et ascensus a nobis intellegitur,
nisi exaltationem descendere et ascendere humilitatem ostendi.
⁸Scala uero ipsa erecta nostra est uita in saeculo, quae, humi-
liato corde et capite suo in praesenti hoc tempore, exaltatum a domino mortis exitum erigat ad caelum. ⁹Latera enim
eius scalae certissime credimus nostrum esse corpus et anima,
in qua latera diuersos gradus humilitatis uel disciplinae euo-
catio diuina ascendendo inseruit.

   ¹⁰Primum itaque humilitatis gradum in scala caeli ascen-
f° 46v dit discipulus, si timorem dei sibi ante oculos | semper ponens,
obliuionem omni hora fugiat ¹¹et semper sit memor omnia,
quae praecepit deus, ut quomodo et gehenna contemnentes
dominum de peccatis incendat, et uita aeterna quid timentibus
deum praeparet, animo suo semper reuoluat. ¹²Et custodiens
se omni hora a peccatis et uitiis, id est cogitationum, linguae,
manuum, peduum uel uoluntatis propriae, sed et desideria
carnis, ¹³extimet se discipulus a deo semper de caelis respici
omni hora, et facta sua omni loco ab aspectu diuinitatis
uideri et ab angelis omni hora cottidie.

   ¹⁴Demonstrans nobis propheta, cum in cogitationibus
nostris ita deum esse semper praesentem ostendit, dicens:

---

   6 cf. Gn 28, 12   **10** cf. Ps 35, 2   **13** *de caelis respici*, cf. Ps
13, 2 | *omni loco — uideri*, cf. Prv 15, 3   **14** Ps 7, 10

---

   7 intelligitur *a. corr.*   **9** certissimae   **10** timorem *post. m.*
morem *a. corr.* | oblibionem   **11** incedat | quid] qui | animos suos
14 semper] per *add.*

---

   7 ostendit   **9** grados | ascendendos   **13** omni hora²] omnia
renuntiari   **14** semper esse *transp.*

Scrutans corda et renes deus. ¹⁵Et item: *Intellexisti cogitationes meas de longe,* ¹⁶et *Cor regis in manu dei.* ¹⁷Nam ut sollicitus sit aduersus cogitationes cordis sui peruersas, dicat semper utilis fra|ter in corde hoc: Tunc *ero inmaculatus coram eo,* si fᵒ 47 *obseruauero me ab iniquitate mea.*

¹⁸Ad linguae uero eloquia ita nobis agnoscimus deum semper esse praesentem, cum dicit per prophetam uox domini: *Qui loquitur iniqua, non direxit in conspectu oculorum meorum.* ¹⁹Et item dicit: *Sermo malus de ore uestro non procedat,* ²⁰et *Mors et uita in manibus linguae.*

²¹In opere uero manuum nostrarum ita agnoscimus deum nobis esse praesentem, cum dicit propheta: *Inperfectum meum uiderunt oculi tui.*

²²In gressu uero pedum nostrorum ita agnoscimus deum nobis semper esse praesentem, cum dicit propheta: *Sine iniquitatem cucurri et direxi.* ²³*Exurge in occursum mihi et uide.* ²⁴Et item dicit: *Quo ibo ab spiritu tuo, et quo a facie tua fugiam?* ²⁵*Si ascendero in caelum, tu illic es, si descendero in infernum, ades.* ²⁶*Si sumpsero pinnas | meas ante lucem et habi-* fᵒ 47v *tauero in extrema maris,* ²⁷*etenim illuc manus tua deducet me.*

---

15 Ps 138, 3   **16** Prv 21, 1   **17** Ps 17, 24   **18** Ps 100, 7
19 Eph 4, 29   **20** Prv 18, 21   **21** Ps 138, 16   **22—23** Ps 58, 5—6
24—27 Ps 138, 7—10

---

14 deus] deum   **18** propheta   **21** opere] ore | manus
22 gressum   **25** es] est

---

15 et item dicit: dominus nouit cogitationes hominum quoniam uanae sunt (Ps 93, 11) *praem.* | item] dicit *add.* | de] a   **16** et item dicit: quia cogitatio hominis confitebitur tibi (Ps 75, 11) *praem.*   **17** dicat] sibi *add.*   **19** dicit *usque* procedat] dicit apostolus: de uerbo uano reddetis rationem (Mt 12, 36)   **20** et] quia | linguae] posita est *add.*   **22** peduum | direxi] dirigebam   **26** extrema] postremis   **27** me] et tenebit me dextera tua *add.*

²⁸Uoluntatem uero propriam ita, praesente domino, facere prohibemur, cum dicit scribtura nobis: *Et a uoluntate tua auertere.* ²⁹Et iterum rogamus dominum in oratione dominica, ut fiat illius uoluntas in nobis. ³⁰Docemur ergo merito, nostram facere uoluntatem prohibemur, cum cauemus illud, quod dicit sancta scribtura nobis: *Sunt uiae, quae uidentur hominibus rectae, quarum finis usque ad profundum inferni demergit,* ³¹et cum item pauemus illud, quod de neglegentibus dictum est: *Corrupti sunt et abominabiles facti sunt in uoluntatibus suis.*

³²In desideriis uero carnis ita nobis deum credimus semper esse praesentem, cum dicit propheta domino: *Et ante te est omne desiderium meum.* ³³Cauendum ergo ideo malum
f⁰ 48 desiderium, quia *mors secus introitum delec|tationis posita est.* ³⁴Unde scribtura praecepit dicens: *Post concupiscentias tuas non eas.*

³⁵Ergo si *oculi domini speculantur bonos et malos* ³⁶*et de caelo respicit super filios hominum, ut uideat si est intellegens aut requirens deum,* ³⁷cauendum est ergo omni hora, fratres, ne nos *declinantes* in malo et *inutiles factos* aliqua hora aspiciat dominus, ³⁸et parcendo nobis in hoc tempore, quia pius est ⟨et⟩ spectat nos conuerti in melius, dicat nobis in futuro iudicio: *Haec fecisti, et tacui.*

---

28 Sir 18, 30　　　**29** cf. Mt 6, 10　　　**30** Prv 16, 25; cf. Prv 14, 12 et Mt 18, 6　　　**31** Ps 13, 1　　　**32** Ps 37, 10　　　**33** *Passio Sebastiani* 14 **34** Sir 18, 30　　　**35** Prv 15, 3　　　**36** Ps 13, 2　　　**37** Ps 13, 3　　　**38** *quia pius est,* cf. Jdt 7, 20; Sir 2, 13 | Ps 49, 21

---

28 uoluntate | propria　　　**29** orationem　　　**32** omnem　　　**37** fratre *a. corr. (?)*　　　**38** et² *om.*

---

28 uoluntate tua] uoluntatibus tuis　　　**29** iterum] item　　　**30** facere uoluntatem prohibemur] non facere uoluntatem | nobis *deest* | uidentur] putantur ab　　　**32** domine | est *deest*　　　**33** ergo] uero　　　**36** et] dominus *add.* | respicit] semper *praem.*　　　**37** et si a deputatis angelis nostris cottidie die noctuque domino factorum nostrorum operae nuntiantur *praem.* | fratres] sicut dicit in psalmo XIII propheta *add.*

³⁹Deinde secundum humilitatis gradum in scala caeli
ascendit discipulus, si propriam non amans uoluntatem, desideria sua non delectetur implere, ⁴⁰sed uocem illam domini
factis imitetur dicentis: *Non ueni uoluntatem meam facere,
sed eius qui me misit.* ⁴¹Et iterum dicit scribtura: *Uoluntas
habet poenam, et necessitas parit coronam.*

⁴²Deinde tertium humilitatis gradum in scala | caeli fº 48v
ascendit discipulus, si postquam nihil suo iudicio praesumens
eligat quae non expediant, ⁴³et item dicit apostolus: *Omnia
licent, sed non omnia expediunt. Omnia licent, sed ego sub
nullius redigar potestatem,* ⁴⁴ergo non solum haec cauens discipulus, sed et omni oboedientia se subdat maiori, imitans dominum, de quo dicit apostolus: *Factus est oboediens usque ad mortem.* ⁴⁵Et item uox domini laudat de hac oboedientia populum
gentilium, dicens: *Obauditu auris obaudiuit mihi.* ⁴⁶Et sub
abbate sibi nos dominus obaudire demonstrat, cum dicit doctoribus nostris: *Qui uos audit, me audit, et qui uos spernit, me
spernit.*

⁴⁷Deinde quartum humilitatis gradum in scala caeli ascendit discipulus, si in ipsa oboedientia duris et contrariis
rebus uel etiam quibuslibet inrogatis iniuriis, tacite patien-
tiae constantiam amplecta|mur, ⁴⁸et sustinens non lassescat fº 49

---

40 Jo 6, 38   **41** *Passio Anastasiae* 17, p. 234   **42** cf. 1 Cor
6, 12   **43** 1 Cor 6, 12   **44** Phil 2, 8   **45** Ps 17, 45   **46** Lc 10, 16

---

39 inplere   **42** scala] saecula   **47** tacitae

---

39 caeli] caelesti   **40** facere uoluntatem meam *transp.* | eius]
huius   **41** iterum] item   **43** et *deest* | item] dicente scribtura: sunt
uiae quae uidentur hominibus rectae quarum finis usque in profundum
inferni demergit (Prv 16, 25; cf. Prv 14, 12 et Mt 18, 6), et item dicit dauid:
corrupti sunt et abominabiles facti sunt in uoluntatibus suis (Ps 13, 1)
praem. | omnia³] mihi *add.* | potestate   **44** cauens haec *transp.*   **47**
caeli] caelesti | amplectatur

uel discedat, dicente scribtura: *Qui perseuerauerit usque in finem, hic saluus erit.* [49]Et item de tali re hortatur nos propheta, dicens: *Confortetur cor tuum, et sustine dominum.* [50]Et ostendens fidelem pro domino uniuersa etiam contraria sustinere debere, per sufferentium dicit propheta personas: *Propter te morti adficimur tota die, extimati sumus ut oues occisionis.* [51]Et securi de spe retributionis diuinae, subsequuntur gaudentes ac dicentes: *Sed in his omnibus superamus propter eum, qui dilexit nos.* [52]Et item in alio loco scribtura ex ipsorum persona dicit: *Probasti nos, deus, igne nos examinasti, sicut examinatur argentum. Induxisti nos in laqueum. Posuisti tribulationes in dorso nostro.* [53]Et ut ostendat nos sub maiore f° 49v esse debere, subsequitur dicens: *Inposuisti | homines super capita nostra.* [54]Sed et praeceptum domini in aduersis et iniuriis per patientiam adimplentes, qui *percussi in maxillam praebunt et alteram, sublatae tunicae dimittunt et pallium, angariati miliario uadunt duo,* [55]cum Paulo apostolo *falsos fratres* sustinent et *persecutionem sufferent* et *maledicentes* se magis *benedicent.*

[56]Deinde quintum humilitatis gradum ⟨in scala caeli ascendit discipulus⟩, si omnes cogitationes malas cordi suo aduenientes uel mala ⟨a⟩ se absconse commissa per humilem linguae confessionem abbatem non celauerit suum. [57]Hortans nos de hac scribtura, dicens: *Reuela ad dominum uiam tuam et spera in eum.* [58]Et item dicit: *Confitemini domino, quoniam*

---

48 Mt 10, 22   49 Ps 26, 14   50 Ps 43, 22; cf. Rm 8, 36
51 Rm 8, 37   52 Ps 65, 10—11   53 Ps 65, 12   54 Mt 5, 39—41
55 2 Cor 11, 26; 1 Cor 4, 12   57 Ps 36, 5   58 Ps 105, 1

---

49 nos] uos   50 obes   52 argentur   54 adinplente |
percursi | altera   56 graduum | in *usque* discipulus *om.* | adueniente |
a *om.* | absconsae | conmissa

---

52 sicut] igne *add.*   54 et alteram] aliam | angarizati   57 hac re

bonum est, quoniam in saeculum misericordia eius. [59] Et item
propheta domino dicit: *Delictum meum cognitum feci et iniusti-*
tias meas non operui. [60] *Dixi: pronun|tiabo aduersus me iniusti-* f° 50
tias meas domino, et tu remisisti impietatem cordis mei.

[61] Deinde sextum humilitatis gradum in scala caeli ascendit discipulus, si omni uilitate uel extremitate contentus sit,
et ad omnia, quae sibi praebuntur, uelut operarium malum
se iudicet et indignum, [62] dicens sibi cum propheta: *Ad nihi-*
lum redactus sum et nesciui. Ut iumentum factus sum aput te
et ego semper tecum.

[63] Deinde septimum humilitatis gradum in scala caeli
ascendit discipulus, si omnibus se inferiorem et uiliorem non
solum sua lingua pronuntiet, sed etiam intimo cordis credat
affectu, [64] humilians se et dicens: *Ego autem sum uermis et*
non homo, obprobrium hominum et abiectio plebis, [65] *et Exaltatus*
sum et confusus. [66] Et item semper dicat talis frater domino:
| *Bonum mihi est, domine, quod humiliasti me, ut discam man-* f° 50v
data tua.

[67] Deinde octabum humilitatis gradum in scala caeli
ascendit discipulus, si nihil agat, nisi quod communis regula
uel maiorum cohortantur exempla, [68] dicens cum scribtura:
Quia lex tua meditatio mea est, [69] *et cum interrogat patrem suum,*
adnuntiabit ei, seniores suos et dicent ei, id est per suam doctrinam abbas.

59—60 Ps 31, 5   **62** Ps 72, 22—23   **64** Ps 21, 7   **65** Ps
87, 16   **66** Ps 118, 71 et 73   **68** Ps 118, 77   **69** Dt 32, 7

---

61 graduum   **63** graduum | affectum   **64** humilans   **66** hu-
milasti | manda   **67** humilis   **69** adnuntiauit

---

59 tibi feci   **60** et] et mox   **61** praebentur   **65** et¹]
deest | sum] et humiliatus sum *add.*   **67** communis] monasterii *add.*

⁷⁰Deinde nonum humilitatis gradum in scala caeli ascendit discipulus, si linguam ad loquendum prohibeat, et taciturnitatem habens usque ad interrogationem non loquatur, ⁷¹monstrante scribtura quia *in multiloquio non effugitur peccatum,* ⁷²et quia *uir linguosus non dirigetur super terram.*

⁷³Deinde decimum humilitatis gradum in scala caeli ascendit discipulus, si non sit facilis ac promptus in risu, quia scribtum est: *Stultus in risu exaltat uocem suam,* ⁷⁴et

f° 51 *Sicut uox spinarum cre|pitantium sub olla, ita et risus stultorum.*

⁷⁵Deinde undecimum humilitatis gradum in scala caeli ascendit discipulus, si, cum loquitur, leniter et sine risu, humiliter cum grauitate uel pauca uerba et sancta loquatur, et non sit clamosus in uoce, ⁷⁶sicut scribtum est: *Sapiens paucis uerbis innotescit.*

⁷⁷Deinde duodecimum humilitatis gradum in scala caeli ascendit discipulus, si et iam non solo corde, sed etiam ipso corpore humilitatem uidentibus se semper indicet, ⁷⁸in omni opere dei, in oratorio, in monasterio, in horto, in uia, in agro uel ubicumque, sedens, ambulans uel stans, inclinato semper capite, defixis in terra aspectibus, ⁷⁹reum se omni hora de peccatis suis extimet, iam se tremendo iudicio repraesentari extimet, ⁸⁰dicens sibi in corde semper quod publicanus ante

f° 51v templum stans, fixis in terra oculis, dixit: *Domine, propitius |*

---

71 Prv 10, 19   **72** Ps 139, 12   **73** Sir 21, 23   **74** Ecl 7, 7
76 Sextus, *Enchiridion* 145   **80** Lc 18, 13

---

70 scala] saecula   **73** graduum | promtus   **75** scala] saecula
77 duodecimus *p. corr.* | graduum   **78** in⁷] inin *a. corr.*   **79** omni] in

---

71 effugies   **74** uox *deest* | olla] uox *add.* | stultorum] hominis
78 in omni] id est in   **79** extimet¹] existimans | extimet²] existimet
80 semper] illud *add.* | propitius *usque* peccatori] non sum dignus ego peccator leuare oculos meos ad caelos

mihi esto peccatori. [81]Et item cum propheta dicat sibi talis discipulus: *Incuruatus sum et humiliatus sum nimis.*

[82]Ergo his omnibus humilitatis gradibus ⟨a⟩ discipulo perascensis, uitae huius in timore dei ⟨bene persubitur scala⟩ [83]et mox ad *caritatem* illam domini peruenientes, quae *perfecta foris mittit timorem,* [84]per quam uniuersa, quae prius non sine formidine obseruas, absque ullo labore uelut naturaliter ex consuetudine incipiet custodire, [85]non iam timore gehennae, sed amore ipsius consuetudinis bonae et delectatione uirtutum. [86]Quae dominus iam pro operarium suum mundum a uitiis et peccatis ab spiritu sancto dignabitur demonstrare.

[87]Quibus ergo perascensis gradibus, post exitum uitae sine dubio talis anima ad illam retributionem domini introitu-| f⁰ 52 ra est, quam demonstrat apostolus, dicens: *Non sunt condignae passiones huius saeculi ad superuenturam gloriam, quae reuelabitur in nobis.* [88]Illam uitam aeternam tales animae recepturae sunt, quae in sempiterna laetitia exultatione permanet et ulterius finiri non nouit. [89]In qua est flos purpureus rosarum numquam marcescens, [90]in qua nemora floscida perpetua uiriditate uernantia. [91]Ubi prata recentia semper melleis adfluunt riuis, [92]ubi croceis gramina floribus redolent et alantes campi iucundis admodum odoribus pollent. [93]Aurae ibi uitam aeternam habentes nares aspirant, [94]lumen ibi sine umbra, serenitas absque nubilo, et absque tenebris nocturnis perpetuum diem oculi perfruuntur. [95]Nulla ibi inpediuntur occupatione deliciae, [96]nulla paenitus sollicitudine ibi securitas conturba|tur. [97]Mugitum, ululatum, gemitum, lamen- f⁰ 52v tum et luctum numquam illic auditum uel nominatum est,

---

81 Ps 37, 9   83 1 Jo 4, 18   87 Rm 8, 18

---

82 a *om.* | bene persubitur scala *om.*   86 peccatis] operarium suum *add.*   92 admodumodum

---

81 nimis] usquequaque   84 obseruabas   86 pro] per   88 sempiternae laetitiae   90 uernantur

⁹⁸foedum, deforme, tetrum, nigrum, orrendum numquam ibi paenitus uisum est. ⁹⁹Pulchritudo in amoenitate nemorum, splendor in aere iucundo, et formonsitatem adque omnem elegantiam sine intermissione patentes oculi perfruuntur, ¹⁰⁰et nihil omnino quod conturbet mentem auribus datur. ¹⁰¹Sonant ibidem iugiter organa hymnorum, quae ad laudem regis ab angelis et archangelis decantantur. ¹⁰²Amaritudo et fellis asperitas ibi locum non habet. ¹⁰³Tonitrua ibi numquam audita sunt, fulgura et coruscationes numquam paruerunt. ¹⁰⁴Cinnamomum illic uirgulta gignunt, et balsamum arbusta prorumpunt. ¹⁰⁵Odor aeris delectationes per omnia membra
f⁰ 53　diffundet. ¹⁰⁶Aesca ibi nulla stercora conficit. ¹⁰⁷Sicut enim | bono nuntio aures et bono odore nares et bono aspectu oculi saginantur et ipsa refectio non potest in digestionem prorumpere, ¹⁰⁸quia non in aesca et potu, sed in aspectu, odoratu et auditu constat dilectionis saginatio, ¹⁰⁹ita illic refectio, quam os susceperit, melliflua in gustu hoc unicuique sapet in os, quod fuerit delectatus. ¹¹⁰Statim denique quod concupierit anima, concupiscentiae eius paratissimus seruit effectus. ¹¹¹In qua delectatione uero uel laetitia nec aetas senectutem nec uita terminum nec suspectam ulterius mortem tales deliciae reformidant. ¹¹²Nec in his perennium diuitiarum usibus possessor desinit et heres succedit, cum nesciunt ulterius mortem, qui benefacti pretio uitam aeternam semel moriendo emerunt.
　　　　¹¹³Haec est sanctorum caelestis patria. ¹¹⁴Beati qui hac
f⁰ 53v　regione perenni | et in perpetua cum deo exultatione laetantur,

---

98 deformae　　　**107** digestationem　　　**111** diliciae | reformidant]
re *in fine lin.* reformidant　　　**112** ne

---

98 orrendum] aliquid aut sordidum *add.* | est *deest*　　　**101** sonant]
enim *add.* | et] et ab　　　**114** qui] in *add.* | et¹] per scalam praesentis temporis obseruantiae gradibus humilitatis ascensis potuerint eleuari ut *add.* |
laetentur |

quam praeparauit deus his qui diligunt illum et custodiunt mandata eius et mundo sunt corde.

[XXVIIII] Item de humilitate et oboedientia et de calcanda superbia

R̄ĒS̄P̄

[1] Saeculariter in ecclesia loquitur, aliter uobis loqui debemus. [2] Illis loquimur aliquando res quae in sonum habentur et uirtutem non habent. [3] Delectantur enim tamquam infirmi sonis uerborum, non uirtute dei. [4] Uos autem in nomine Christi non hoc delectamini, sed uultis audire salutis uerbum, [5] in quo uocati estis et has uestes lugubres in mundo induxistis, expectantes meliores aput deum.

[6] Nostis, iam sapitis, iam multum tempus hic habetis, aduersus quem uobis est conluctatio, [7] quia aduersarius uester non est foris, sed intus est. [8] In uisceribus et in ipsis membris nostris habemus obluctatorem. [9] Sic enim | *caro concupiscit* f° 54 *aduersus spiritum et spiritus aduersus carnem, et non ea quae uolumus facimus,* [10] uidetis quia intus est aduersarius iste.

---

114 1 Cor 2, 9 | *custodiunt mandata,* cf. Apc 12, 17 | *mundo corde,* cf. Mt 5, 8

XXVIIII 4 cf. Act 13, 26 **5** cf. Hbr 10, 34 **6** cf. Eph 6, 12 **7** cf. 1 Pt 5, 8 **9** Gal 5, 17

XXVIIII tit. oboedientiae | r̄s̄p

---

114 illum] eum | *post* corde *unum v. add.*
XXVIIII: Nouati Sententia
tit. item *deest* | superbia] sententia nouati sed catholici *add.* | resp *deest* **1** saeculariter] saecularibus aliter | loquimur **2** in *deest* | habentur] habent **4** sed] si **9** sic] si | et non] ut non | faciamus

[11] Aduersarius autem non uincitur nisi humilitate et caritate, [12] quia et ipse dominus Iesus Christus diabolum non uincisset, nisi humiliatus fuisset, [13] humiliatus autem non necessitate, sed caritate. [14] Si enim nos non amasset, humilis factus non fuisset. [15] Amore nostri factus est humilis. [16] Si ergo *qui fecit caelum et terram, mare et omnia quae in eis sunt,* dominus angelorum omnium, qui creauit omnia, propter nos factus est humilis, [17] quare nos propter nosmetipsos recusamus humilitatem ?

[18] Uia ergo salutis non est nobis prima, nisi humilitas. [19] Cum coeperis humilitatem quaerere et eam propter deum et

f° 54v propter | ipsam congregationem sustinere... [20] et ⟨in⟩ ipsa congregatione quamuis aequales sitis, unusquisque alterum superiorem sibi extimare debet, tamenetsi non sit superior, [21] et non illud facit, nisi quis humilitatem habuerit. [22] Non est necessarium seruis dei aliud primum, nisi humilitas, [23] quia humilitas, cum fuerit in homine, facit illum oboedientem; [24] oboediens uero cum fuerit, uel qui oboedientiam sectatur, non hominibus obaudit sed deo; [25] sic enim dominus ait: *Qui uos audit, me audit, et qui me* audit, audit *eum qui me misit.*

[26] Abbas pater est, sequentes fratres patriarchae sunt. [27] Et quicumque est alius inter uos, qui forte bonam habet uitam, meliorem continentiam, meliores uigilias, meliorem custodiam corporis, et ipse propter imitationem pater est.

f° 55   [28] Hoc ergo | agite inter uos, ut primum humilitatem custodiatis, non ut hominibus humiles uideamini, sed deo.

---

16 Ps 145, 6   **25** Lc 10, 16   **26** cf. Mc 14, 36; Rm 8, 15; Gal, 4, 6

---

16 terramare   **19** coeperis] quaeperis   **20** in *om.* | ipsam congregationem | existimare *p. corr. post. m.*   **23** quia] qui   **26** sequens   **27** meliores] meliore

---

12 uicisset   **21** qui   **24** cum] qui   **25** et *deest*

²⁹Illa est uera humilitas quae deo, non hominibus demonstratur. ³⁰Nam humilitas quae hominibus demonstratur, factio est, non humilitas, quod a seruis dei omnino alienum esse debet. ³¹Non quidem arbitror quia sunt tales in uobis, sed ne subripiat talis morbus admoneo. ³²Homines enim sumus et hominibus loquimur. ³³Idcirco primum humilitatem fratribus uestris monstrare debetis propter imitationem, ut fundata sit ipsa humilitas intus in corde secundum deum. ³⁴Cum fuerit enim humilitas fundata in corde tuo propter deum, tunc dat illi deus, id est fratri tuo, ut intellegat et imitetur humilitatem tuam. ³⁵Nam si non fuerit humilitas fundata in corde tuo, ostendit deus fratri tuo, quia fincta est humilitas tua.

³⁶Prima ergo uia salutis haec est: | humilitatem tenere f⁰ 55v simplicem propter deum, non propter hominem, ³⁷non placere inde hominibus, sed placere inde deo.

³⁸Humilitatem sequatur oboedientia — nam non potest esse oboediens, nisi fuerit humilis —, ³⁹et obtemperetis uobis ipsis, sibi sicut obtemperant membra. ⁴⁰⟨Numquid cum consilio sibi obtemperant membra⟩, et non naturali caritate ? ⁴¹Si pes offenderit, manus occurrit, ne totum corpus labatur ut cadat, ⁴²sicut ait apostolus: *Si patitur unum membrum, conpatiuntur omnia membra.* ⁴³Unde ergo, nisi ex caritate ? ⁴⁴Si ergo dilexeritis uos inuicem, nulla erit perturbatio. ⁴⁵Scandala nemo patitur: non propter cibum, non propter potum, non propter uestimentum, non propter uigilias, non propter opera, non propter cocinam, non propter ministerium. ⁴⁶Iam cum

---

42 1 Cor 12, 26

---

35 fatri   **36** simplicem] simplicitatem   **40** numquid *usque*
membra *om.*   **45** cocina

---

30 monstratur | factio] finctio   **31** sint   **34** ut] ut et
38 nam *usque* humilis *desunt*   **39** sicut sibi *transp.*   **44** conturbatio
45 patiatur

f⁰ 56 uos inuicem dilexeritis, si quis aliquid faciat, quod non debet, |
caritas illa non permittit ut offendaris.

⁴⁷Habete ergo, fratres, humilitatem ⟨et⟩ oboedientiam,
quam sequitur pax, ut sitis filii pacis, ⁴⁸quia *caritas*, sicut ait
apostolus, *uinculum est perfectionis.* ⁴⁹Cum quis habuerit
humilitatem, Christum imitatur, qui humilis factus est
propter nos. ⁵⁰Si quis habuerit oboedientiam, Christum imitatur, qui *oboediens factus* est *usque ad mortem.* ⁵¹Cum quis
habuerit caritatem, Christum imitatur, quia *deus caritas est.*

⁵²Sed prius elaborate ut intus uitia uestra uincatis.
⁵³Fiat pax primo animae et cordis cum praecepto dei, ut
aduersus consuetudinem corporis adque fragilitatem duo sint
uictores: praeceptum dei et consensus tuus. ⁵⁴Causa est enim
talis: medicus, aegrotus, aegritudo. ⁵⁵Si iste aegrotus ⟨se⟩ cum
aegritudine dederit, uincitur medicus et efficiuntur duo aduer-
f⁰ 56v sus unum adque superatur | medicus. ⁵⁶Si uero aegrotus cum
medico se dederit, uincitur infirmitas. ⁵⁷Medicus Christus est,
aegroti nos sumus, aegritudinis morbus consuetudo peccati
est. ⁵⁸Iam qui ex parte renuntiauit saeculo, quamuis uiuat
in saeculo, adtendat cui debeat inherere: utrum morbo an
medico. ⁵⁹Si medico inheserit, ut dixi, morbum superat. Si
morbo inheserit, laborat medicus.

⁶⁰Ideo nobis euangelium in saeculo clamat et dicit: *Esto*
consentiens aduersario tuo cito, dum es cum illo in uia. ⁶¹Non
nos docet ut simus consentientes aduersario diabolo, sed docet
ut consentientes simus aduersario praecepto diuino, ⁶²qui
aduersatur malis nostris et aduersatur consuetudini nostrae,

---

47 cf. Lc 10, 6   **48** Col 3, 14   **49** cf. 2 Cor 8, 9   **50** Ph 2, 8
51 1 Jo 4, 16   **60** Mt 5, 25

---

47 et *om.*   **48** qui   **53** fragitatem   **55** ista | se *om.*
56 egrotus   **58** morbo] mo

---

50 si] cum   **54** aegritudo] et *praem.*   **56** uero] ergo

aduersatur iniquitatibus nostris. [63]Cum consentimus aduersario nostro, id est praecepto diuino, superatur morbus. [64]Si consentimus, facti sumus concordes cum prae|cepto dei et f° 57 accipimus quasi iugum dei, [65]propter quod ait dominus: *Uenite ad me omnes qui laboratis et onerati estis, et ego reficiam uos.* [66]*Tollite iugum meum, quia lene est et sarcina mea leuis est.*

[67]Ecce quid tam leue ? [68]Denique considera quemadmodum qui aliquid habent in hoc mundo timent ne rapiantur. [69]Quomodo timent ne quod adquisierunt perdant. [70]Quibus modis torquentur, quasi sub grauissimo pondere sollicitudinem habendo. [71]Uos autem non aliud laboratis, nisi ut hoc faciatis quod abbas praecepit. [72]Iam sub iugo estis: non cogitas unde uiuas, quia nec debes cogitare. [73]Est qui te regat, est qui tibi curam ferat. [74]Omnino ad uos cogitatio cibi et uestimenti nec pertinere debet. [75]Quod dederit abbas, sic puta quia deus dederit. Ipsa est enim uera humilitas.

[76]Sed forte unus plus habet et alter minus habet: et hoc tamquam a deo factum habete. | [77]Sed unus sedet ad alteram f° 57v mensam et alter ad alteram mensam: si sic iubet abbas, si sic probauit, sic habete quasi deus iusserit. [78]Nolo inde interroges ut dicas: «Cras ibi sessurus sum». [79]Nolo facias consuetudinem, ne tibi illam deus necessitate det. [80]Si forte non est quod detur, aut non uidetur ut detur, sic habeto aut quia non est quod detur, aut uisum est expedire ut non detur. [81]Ista, fratres, si seruaueritis, prorsus uitam aeternam habebitis.

65—66 Mt 11, 28—30

---

64 consentimus] consen *in fine lin.*   65 onerati] onorati   68 rapiantur] patiantur   72 uiuas] uibas *a. corr. (?)* uihas *p. corr. (?)*
74 ciui   77 prouabit

---

63 nostro *deest*   71 praecipit   75 quia] quasi   78 ibi] ego ibi

[82]Nolite uos permittere uerbis malis agi. [83]Si forte aliquis infirmus cadit, ut loquatur peruersa, statim prohibete illum, statim dicite: «Noli facere, noli, frater, peccas». [84]Quia debetis uobis, propter quod in uno estis et abbatem unum habetis, debetis et uos uobis abbates esse. [85]Nam quid est unus? Duos oculos et duas aures habet abbas. [86]Numquid potest omnes audire, aut omnes uidere, aut | non habet necessitatem alicubi exire et aliquid prouidere? [87]Uos uobis abbates estote, et quomodo metuistis abbatem praesentem, ita absentem, quia praesens est deus. [88]Omnino hoc time, hoc metue, quia deus semper praesens est. [89]Et si unus feret curam tantis, quanto uos magis omnes ferre debetis, [90]ne inueniat unde irascatur, unde doleat, unde offendatur, unde ingemescat, unde putet quia peribit labor eius tanti temporis.

[91]Haec enim tunc nobis possunt prode esse, si habuerimus humilitatem, oboedientiam et caritatem. [92]Uia alia ad deum non est, nisi humilitas et oboedientia et caritas. [93]Ipsa est uia, ueritas et uita. [94]Nam cruciari, ieiunare biduo, triduo, quatriduo, septimanas facere frequenter, inde superbiunt fratres, putantes quia quod ipsi faciant, alius facere non potest. | [95]Infinitum putant esse, quod alius non potest facere. [96]Aut ambulat nudo pede et arbitratur quoniam ipse solus hoc potest facere, aut forte nec bibet nec ipsam aquam mixtam. [97]Exercitatio temporalis est, quia semper illud facere non potest. [98]Sed cogitet magis humilitatem, cogitet pietatem,

f⁰ 58 (margin, left of "potest omnes audire")

f⁰ 58v (margin, left of "test. | ⁹⁵Infinitum")

---

93 cf. Jo 14, 6   97—98 cf. 1 Tm 4, 8

---

94 cruciari] cruari | uiduo   96 bibet] libet *(?) a. corr.* | ipsa | mixta   97 exercitio

---

83 prohibete] cohibete   87 ita] metuite et   89 curam fert *transp.* | magis uos *transp.*   92 et¹ *deest*   94 faciunt   96 bibit

caritatem, oboedientiam. [99]Propter enim frangendas uires corporis, propter edomandum sanguinem et carnem debet arripere ista quasi bonus athleta, [100]sed non inde glorietur, ne perdat quod facit.

[101]Nam pharisaeus ille qui ascendit in templo orare, numquid opera sua, quae numerabat, modica erant ? [102]Inmensa erant: ieiunare bis in sabbato, decimas omnium rerum suarum pauperibus dare, fraudem non facere, adulterium non committere, infinitum est. [103]Sed quoniam iactauit illud in superbia, totum quidquid fecit, superbia ⟨fuit⟩. | [104]Prop- f° 59 terea Dauid dicit: *Non ueniat mihi pes superbiae, et manus peccatoris non moueat me.* [105]*Ibi caeciderunt omnes qui operantur iniquitatem.* [106]Ubi caeciderunt ? In labsu superbiae. [107]Inde enim caecidit diabolus, per superbiam labsus est.

[108]Omnino ergo non admittatur ad seruos dei superbia. [109]Qui ergo iam aliter uiuit, qui uitam suam melius instituit, non sit quemadmodum ille pharisaeus. [110]Publicanus autem ille humiliatus non audet nec oculos ad caelum leuare, [111]et sententia domini conlaudatur, redit ad domum suam iustificatus magis quam ille pharisaeus. [112]Expertum namque habemus et in ipsis sanctis scribturis et in fratribus nostris, quia quicumque uia humilitatis tenuit, profecit et non peribit.

101—102 cf. Lc 18, 10—12   **104—105** Ps 35, 12—13   **110—111** cf. Lc 18, 13—14

---

99 edomandum] et domandum   **100** quod *p. corr. pr. m.* (?) quae *a. corr.*   **102** bis] uis | conmittere   **103** fuit *om. (in fine pag.)*   **107** superbia   **109** bibit   **110** humilatus   **112** quicumque] cumque

---

100 fecit   **102** non facere fraudem *transp.*   **103** quidquid] quod   **111** conlaudatus   **112** uiam | periit

[XXX] De expugnatione libidinum et gradibus castis, uel quomodo | ad puritatem [munditiam] castitatis ueniatur

R̄ESP

[1]Apostolus inquit: *Mortificate ⟨membra⟩ uestra quae sunt super terram, fornicationem, inmunditiam, libidinem, concupiscentiam malam et auaritiam, quae est idolorum seruitus.* [2]Primo itaque loco fornicationem credidit inferendam, quae carnali conmixtione proficitur. [3]Secundum etiam membrum inmunditiam nuncupauit, quae nonnumquam absque mulieris tactu uel dormientibus uel uigilantibus per incuriam incircumspectae mentis obripit, [4]et ideo notatur ac prouidetur in lege, quae inmundos quoque non solum sacrarum carnium participatione priuauit, [5]uerum etiam, ne contactu suo sancta polluerent, a castrorum iussit congregatione secerni, dicens: [6]*Anima quaecumque comederit de carnibus sacrificii salutaris,* f⁰ 60 *quod | est domini, in qua est inmunditia, peribit coram domino,*

XXX 1 Col 3, 5   6 Lv 7, 20 (LXX)

XXX tit. r̄ṡp

1 inquid | membra *om.* | quae est] quaest | seruitus] se uitus   **3** tactu] tractu | per] uel   **6** salutaris] saluris

---

XXX: ex Conlationibus Cassiani XII 2, 1—3; tit. non ex Cap. Conl. XII 2 sed ex Cap. Conl. XII 7 (cf. XXXI)

tit. de expugnatione libidinum] VII de differentiis | castis] castitatis | uel *usque* ueniatur *desunt* | resp *deest*   1 *sex lineas praem.* | apostolus] huius igitur corporis in hoc loco apostolus membra describens | mortificate inquit *transp.* | idolorum] simulacrorum   **2** proficitur] perficitur   **3** absque] ullo *add.* | obrepit   **4** prouidetur] prohibetur | quoque] quosque

⁷et *Quidquid tetigerit inmundus, inmundum erit*; ⁸in Deutero-
nomio quoque: *Si fuerit homo, qui nocturno pollutus est somno,
egreditur extra castra, et non reuertetur, priusquam ad uesperam
lauetur aqua, et post solis occasum regreditur in castra.*

[XXXI] Sex gradibus, licet multa ⟨a⟩ se inuicem sublimitate distantibus, fastigia castitatis praecelsa distinguam

R̅E̅S̅P̅

¹Primus itaque pudicitiae gradus est, uti ne uigilans in-
pugnatione carnali monachus eligatur, ²secundus, ne mens
illius uoluntariis cogitationibus inmoretur, ³tertius, ne feminae uel tenuiter ad concupiscentiam moueatur aspectu,
⁴quartus, ne uigilans uel simplicem carnis perferat motum,
⁵quintus, ne, cum memoriam generationis humanae uel trac-
tatus ratio uel necessitas | lectionis ingesserit, subtilissimus fᵒ 60v
mentem uoluntariae actionis perstringat ⟨adsensus⟩. ⁶Sextus
castimoniae gradus est, ne inlecebris fantasmatibus feminarum uel dormiens inludatur; ⁷concupiscentiae adhuc medul-
litus latitantis indicium est. ⁸Quam tamen inlusionem diuersis
modis constat accidere.

---

7 Nm 19, 22   8 Dt 23, 10—11

XXXI **tit.** gradus | multa a] multas | sublimitatem | r̃s̃p
1 ut *in fine lin.* ineuigilans   **3** tertio | concupiscentia   **4** sim-
plice   **5** adsensus *om.*

---

8 fuerit] inter uos *add.* | somnio | egredietur | regredietur | *post*
castra *triginta quattuor lineas add.*
XXXI: ex Conlationibus Cassiani XII 7, 2—4
tit. *octo lineas praem.* | sex] proinde sex | *post* distinguam *novem lineas*
add. | resp *deest* **1** uti *deest* | eligatur] elidatur **2** uoluptariis **3** femineo
5 uoluptariae | *post* adsensus *quinque lineas add.* **6** inlecebrosis |
inludatur] licet enim hanc ludificationem peccato esse obnoxiam non credamus *add.* **7** adhuc] tamen adhuc **8** *post* accidere *triginta lineas*
add.

7

[XXXII] Qui suggestiones cupit inimici destipare, debet sine confusione omnes suo seniori confiteri

R̄ESP

[1]Per ⟨haec⟩ ad liquidum discernentes, utrum ficta et imaginaria an uera sint humilitate fundati. [2]Ad quod ut facile ualeant peruenire, consequenter instituuntur nullas paenitus cogitationes prurientes in corde perniciosa confusione celare, [3]sed confestim, ut exortae fuerint, eas suo patefacere seniori, [4]nec super earum iudicio quidquam suae discretioni committere, [5]sed illud credere malum esse | uel bonum, quod discusserit ac probauerit senioris examen. [6]Itaque fit ut in nullo circumuenire iuuenem [possit] callidus inimicus uelut expertum ignarum praeualeat, [7]nec ulla fraude decipere, quem peruidet non sua sed senioris discretione muniri, [8]sed suggestiones suas uel ignita iacula, quaecumque in cor eius iniecerit, ut seniorem celet non posse suaderi. [9]Alias quippe subtilissimus diabolus inludere uel deicere fratrem non poterit, nisi cum eum seu per arrogantiam siue per uerecundiam ad cogitationum suarum uelamen inlexerit. [10]Generale namque euidens indicium diabolicae cogitationis esse pronuntiant, si eam seniori confundamur aperire.

f⁰ 61

XXXII tit. r̄sp
1 per haec ad liquidum] per aliquidum | sit   3 patefatefacere
4 discretionis | conmittere   6 iubenem   8 igni   9 diabolus
bis scr.   10 generalem

XXXII: ex Institutionibus Cassiani IIII 9; tit. ex Cap. Inst. IIII 9
tit. qui *usque* omnes] VIIII. quare iunioribus imperetur ut | seniori suo *transp.* | confiteri] nihil de cogitationibus suis subtrahant | resp *deest*
1 *tres lineas praem.*   5 probauerit] pronuntiauerit   6 possit *deest* | expertum] inexpertum | ignarumque   8 sed] et   9 fratrem] iuniorem
10 euidens] et euidens

[XXXIII] Quo ordine quis ad perfectionem ualeat peruenire, per quam de timore dei ad caritatem consequenter ascendatur

R̄ES̄P̄

| [1] *Principium* nostrae salutis eiusdemque custodia *ti-* f⁰ 61v *more domini est.* [2] Per hanc enim et initium conuersionis et uitiorum purgatio et uirtutum custodia his qui inbuuntur ad uiam perfectionis inquiritur. [3] Qui cum penetrauerit hominis mentem, contemptum rerum omnium parit, obliuionem parentum, mundi ipsius gignit orrorem: [4] contemptu autem ac priuatione omnium facultatum humilitas adquiritur.

[5] Humilitas uero his indiciis conprobatur: [6] primo si mortificatas in sese omnes habeat uoluntates, [7] secundo si non solum suorum actuum, uerum etiam cogitationum nihil suum celauerit seniorem, [8] tertio ⟨si⟩ nihil suae discretioni, sed iudicio eius uniuersa committat ac monita eius sitiens ac libenter abscultet, | [9] quarto si omnibus seruet obǫedientiae man- f⁰ 62 suetudinem patientiaeque constantiam, [10] quinto si non solum iniuriam ⟨inferat⟩ nulli, sed ne ab alio quidem sibimet inrogatam doleat adque tristetur, [11] sexto si nihil praesumat, quod non uel communis regula uel maiorum cohortantur exempla, [12] septimo si omni uilitate contentus sit et ad omnia se quae

---

XXXIII 1 Prv 9, 10; cf. Is 33, 6

XXXIII tit. quam] qua | r̄s̄p
3 rerum] r̄s̄p *add.* | oblibionem   4 contemptum | priuationem
8 si *om.*   10 inferat *om.*   12 septimo] VII | contemtus |

XXXIII: ex Institutionibus Cassiani IIII 39, 40, 41, 42, 43; tit. ex Cap. Inst. IIII 39
     tit. XXXVIIII *praem.* | ascendat | resp *deest*   1 XXXVIIII *praem.* |
timor   2 hunc | inquiritur] adquiritur   3 mundique   8 auscultet
9 omnibus] in omnibus   11 nihil] agat nihil *add.*

sibi praebentur ueluti operarium ⟨malum iudicarit indignum⟩,
[13]octauo si semetipsum cunctis inferiorem non superficie
praenuntiet labiorum, sed intimo cordis credat affectu, [14]nono
si linguam cohibeat uel non sit clamosus in uoce, [15]decimo
si non sit facilis ac promptus in risu.

[16]Talibus namque indiciis et his similibus humilitas uera
dinoscitur. [17]Quae cum fuerit in ueritate possessa, confestim
f⁰ 62v te ad caritatem, quae timorem non habet, gradu excelsiore |
perducet, [18]per quam uniuersa, quae prius non sine poena
formidinis obseruabas, absque ullo labore uelut naturaliter
incipies custodire, [19]non iam contemplatione supplicii uel
timoris illius, sed amore ipsius boni et delectatione uirtutum.

[20]Ad quod ut ualeas facilius peruenire, exempla tibi sunt
imitationis ac uitae perfectae in congregatione commoranti a
paucis, [21]immo ab uno uel duobus, non pluribus expetenda.

[22]Quae omnia ut possis consequi et sub hac regula spiritali perpetuo perducere, tria haec in congregatione necessaria
custodienda sunt tibi, [23]ut scilicet secundum psalmistae
sententiam: *Ego autem tamquam surdus non audiebam, et sicut
mutus non aperiens os suum;* [24]*et factus sum sicut homo non
audiens, et non habens in ore suo redargutionem,* [25]tu quoque
f⁰ 63 uelut surdus et mutus | et caecus incedas, [26]ut absque
illius contemplatione, qui tibi fuerit ad imitandum merito
perfectionis electus, uniuersa, quaecumque uideris minus aedi-
ficationis habentia, uelut caecus non uideris, [27]nec animatus
eorum qui haec agunt auctoritate uel forma, ad id quod de-

---

17 cf. 1 Jo 4, 18   23—24 Ps 37, 14—15

---

12 malum iudicarit indignum *om.*   13 octabum | intimo] initio |
affectum   15 decimum   16 namque *usque* similibus *bis scr.*
17 posessa   19 non] nam   22 hac] ac   23 suum] sum

12 uelut   13 praenuntiet] pronuntiet   19 ullius   20 XL
praem.   21 pluribus] a pluribus | *post* expetenda *quattuor lineas add.*
22 XLI *praem.* | perducere] perdurare | necessario   24 redargutiones
26 uideris²] uideas

terius est et quod ante iam damnaueras traducaris. ²⁸ Si inoboedientem, si contumacem, si detrahentem audieris uel secus quam tibi traditum est aliquid admittentem, non offendas nec ad imitandum eum tali subuertaris exemplo, ²⁹ sed ut surdus, qui haec paenitus nec audieris, uniuersa transmittas. ³⁰ Si tibi uel cuiquam conuicia, si inrogantur iniuriae, esto inmobilis et ad responsionem talionis ut mutus ausculta, ³¹ semper hunc psalmistae uersiculum in tuo corde decantans: ³² *Dixi: custodiam uias meas, ut non delin|quam in lingua mea.* f° 63v *Posui ori meo custodiam, dum consisteret peccator aduersus me.* ³³ *Obmutui, et humiliatus sum, et silui a bonis.*

³⁴ Uerum et quartum hoc prae omnibus excole, quod haec quae supra diximus tria ornet adque commendet, ³⁵ id est ut stultum te secundum apostoli praeceptum facias in hoc mundo, ut sis sapiens, nihil scilicet discernens, nihil iudicans ex his quae tibi fuerint imperata, ³⁶ sed cum omni simplicitate ac fide oboedientiam semper exhibeas, ³⁷ illud tantummodo sanctum, illud utile, illud sapiens esse iudicans, quidquid tibi uel lex dei uel senioris examen indixerit. ³⁸ Tali etenim institutione fundatus, sub hac disciplina poteris durare perpetuo et de coenobio nullis temptationibus inimici, nullis factionibus deuolueris.

³⁹ Ergo patientiam tuam non debes de aliorum | sperare f° 64 uirtute, ⁴⁰ id est ut tunc eam tantummodo possideas, cum a nemine fueris inritatus ⁴¹— quod ut possit non euenire, tuae ⟨non⟩ subiacet potestati — ⁴² sed potius de humilitate tua et longanimitate, quae tuo pendet arbitrio.

32—33 Ps 38, 2—3 **35** cf. 1 Cor 3, 18

---

28 inoboedientem] oboedientem **30** sinrogantur | immobilis | tallionis **34** ornent | commendent **38** institutionem | coenobio] caenouio *pr. m.* caenvbio *post. m.* | factionis **39** separare uirtutem **40** a nemine] animae **41** nonneuenire | non² *om.*

---

27 iam *deest* **32** consistit | aduersum **35** iudicans] diiudicans **39** XLII *praem.* **42** tuo] in tuo

⁴³Et ut haec omnia, quae latiore sermone digesta sunt,
cordi tuo facilius inculcentur ac tenacissime tuis sensibus
ualeant inherere, ⁴⁴quoddam ex his breuiarium colligam, per
quod possis breuitate et conpendio mandatorum memoriter
uniuersa conplecti.

⁴⁵Audi ergo paucis ordinem, per quem ascendere ad perfectionem summam sine ullo labore ac difficultate praeualeas.

⁴⁶*Principium* nostrae salutis ac *sapientiae* secundum
scribturas *timor domini est.* ⁴⁷De timore domini nascitur con-
punctio salutaris. ⁴⁸De conpunctione cordis procedit abrenun-
tiatio, id est nuditas et contemptus omnium facultatum.
f⁰ 64v ⁴⁹De nuditate humilitas | procreatur. ⁵⁰De humilitate genera-
tur mortificatio uoluntatum. ⁵¹De mortificatione uoluntatum
extirpantur adque marcescunt uniuersa uitia. ⁵²Expulsione
uitiorum uirtutes fructificant adque succrescunt. ⁵³Pullu-
latione uirtutum puritas cordis adquiritur. ⁵⁴Puritate cordis
apostolicae caritatis perfectio possidetur.

**[XXXIIII] De obseruatione et disciplina regulae constitutae,
et quod nullus sermocinandi aut orandi habeat licentiam cum eo qui ab oratione suspenditur, ne
simul cum ⟨eo⟩ in reatu deputetur**

R̄ĒS̄P̄

¹Finitis igitur psalmis et cottidiana refectione, sicut superius memorauimus, absoluta, nullus eorum uel ad modicum

---

46 Prv 9, 10; cf. Is 33, 6

---

43 tenacissimae   44 brebiarium | brebitate   45 summa
46 principium] primum   51 extirpatur   52 uirtute
XXXIIII tit. auct | eo² *om.* | r̄s̄p   1 memorabimus

---

43 XLIII *praem.*   45 ascendere] scandere   51 de *deest*   52 fruticant
XXXIIII: ex Institutionibus Cassiani II 15—16; tit. ex Cap. Inst. II 16
tit. de *usque* et² *desunt* | quod] XVI *praem.* | nulli | sermocinandi aut
desunt | orandi habeat licentiam] liceat orare | cum eo] cum illo | ab oratione
suspenditur] fuerit ab oratione suspensus | ne *usque* deputetur *desunt* | resp
deest   1 XV *praem.* | refectione] congregatione

subsistere aut sermocinari audet cum altero, ²sed ne per
totum quidem diei spatium cella sua progredi aut deserere
opus, quod in ea solitus est exercere, praesumit, ³nisi forte
cum fuerint ad officium | necessarii cuiusque operis euocati. f⁰ 65
⁴Quod ita explent foras egressi, ut nulla inter eos sermocinatio
paenitus conseratur: ⁵sed sic unusquisque opus exsequitur
iniunctum, ut psalmum uel scribturam quamlibet memoriter
recensendo, ⁶non solum conspirationi noxiae uel consiliis
prauis, sed ne otiosis quidem conloquiis ullam copiam uel
tempus inpertiat, ⁷oris pariter et cordis officio in meditatione
spiritali iugiter occupato.

⁸Summa namque obseruantia custoditur, ne quisquam
cum alio ac praecipue iuniores uel ad punctum temporis pariter substitisse ⁹aut uspiam secessisse uel manus suas inuicem
tenuisse depraehendantur. ¹⁰Si quis uero contra huius regulae disciplinam repperti fuerint aliquid ex his quae inter-
dicta sunt admississe, ¹¹ut contumaces ac praeuaricatores
mandatorum non leuis culpae rei | pronuntiati, ¹²suspicione f⁰ 65v
etiam coniurationis prauique consilii carere non poterunt.
¹³Quam culpam nisi in unum cunctis fratribus congregatis
publica diluerint paenitentia, orationi fratrum ⟨nullus eorum⟩
interesse permittitur.

¹⁴Sane si quis pro admisso quodlibet delicto fuerit ab
oratione suspensus, nullus cum eo prorsus orandi habeat licentiam, ¹⁵antequam submissa in terra paenitentia reconciliatio
eius et admissi uenia coram fratribus cunctis publice fuerit

---

8 praecipuae | substitisse *post m.* substisse *a. corr.*   11 praua-
ricatores   12 carere] carcere | potuerunt   13 cuncti | nullus eorum
om.   15 paenitentiam | ueniam | publicae

---

2 cellam suam   10 si qui   14 XVI *praem.* | quobilet | habet
15 terram

ab abbate concessa. ¹⁶Ob ⟨hoc⟩ namque tali obseruantia semetipsos ab orationis consortio segregant adque secernunt, ¹⁷quod credunt eum, qui ab oratione suspenditur, secundum apostoli sententiam tradi satanae, ¹⁸et quisquis orationi eius, antequam recipiatur a seniore, inconsiderata pietate per-

f⁰ 66 motus communicare praesumpserit, | conplicem se damnationis eius efficiat, ¹⁹tradens scilicet semetipsum uoluntarie satanae, cui ille pro sui reatus emendatione fuerat deputatus: ²⁰in eo uel maxime grauius crimen incurrens, ²¹quo cum illo se uel confabulationis communione miscendo maiorem illi generet insolentiae fomitem et contumaciam delinquentis in peius nutriat. ²²Perniciosum namque solacium tribuens, cor eius magis magisque facit indurari, ²³nec humiliari eum sinet, ob quod fuerat segregatus, ²⁴et per hoc uel increpationem senioris non magni pendere, uel dissimulanter de satisfactione et uenia cogitare.

[XXXV] Quod ei, qui ad diurnam orationem, antequam primus finiatur psalmus, non occurrit, oratorium introire non liceat, in nocturnis autem usque ad finem secundi psalmi ueniabilis mora sit

RĒSP

f⁰ 66v ¹His uero, qui in tertia, sexta uel | nona, priusquam coeptus finiatur psalmus, ad orationem non occurrerit, ²ul-

---

XXXIIII 17 cf. 1 Cor 5, 5

---

16 hoc *om.*   18 complicem | damnationi   19 uoluntariae | cuille | prorsui   23 segregatus] segrega *pr. m.* ais *uel* ait *sup. lin. scr. post. m.*   24 dissimilanter
XXXV tit. rs̄p
1 tertias

---

16 orationis] eius *add.*   17 apostoli sententiam] apostolum 21 quod | confabulationis] uel orationis *add.* | enutriat   22 faciet
XXXV: ex Institutionibus Cassiani III 7; tit. ex Cap. Inst. III 7
tit. VII *praem.* | occurrerit | resp *deest*   1 VII *praem.* | is

terius oratorium introire non audeat nec semetipsum admiscere psallentibus, ³sed post congregationis missam stans
pro foribus praestolatur, ⁴donec egredientibus cunctis submissa in terram paenitentia neglegentiae suae uel tarditatis
inpetret ueniam, ⁵sciens nequaquam se posse desidiae suae
noxam aliter expiare, ⁶sed ne in ea quidem quae post tres
horas erit secutura sollemnitas admittendum, ⁷nisi pro neglegentia praesenti confestim uera humilitate subnixus satisfacere festinarit.

⁸In nocturnis uero conuenticulis usque ad secundum
psalmum praebetur tardanti dilatio, ⁹ita dumtaxat, ut, antequam finito eodem psalmo fratres in oratione procumbant,
¹⁰semetipsum congregationi inserere adque admiscere festinet, ¹¹eidem pro|cul dubio increpationi ac paenitentiae quam f⁰ 67
praediximus subiciendus, ¹²si ultra praestitam dilationis
horam uel modicum retardarit.

[XXXVI] Quod ad consonitum pulsantis nihil operis praeponi debet studio celeriter adcurrendi

R$\overline{\text{ESP}}$

¹Itaque considentes intra cubilia sua, aut operi aut
meditationi studium pariter inpendentes, ²cum sonitum pulsantis audierint ad orationem scilicet eos seu ad opus aliquod

---

3 pro *bis scr.*   4 sumissa | paenitentiam   6 postresoras |
secura   8 praeuetur   9 praecumbant   10 adquem   12 praestita
XXXVI tit. celerit | r$\overline{\text{s}}$p
1 meditationis

---

2 audet   3 post *deest*   6 sollemnitate   12 praestitutam
XXXVI: ex Institutionibus Cassiani IIII 12; tit. ex Cap. Inst. IIII 12
tit. XII *praem.* | sonitum | pulsantis] ostium *add.* | praeponi debet] non
omittant | occurrendi | resp *deest*   1 XII *praem.* | aut¹] et | aut²] ac
2 pulsantis] ostium ac diuersorum cellulas percutientis *add.*

inuitantis, [3]certatim suis cubiculis unusquisque prorumpit,
[4]ita ut his, qui opus scribtoris exercet, quam reppertus fuerit
incoasse litteram finire non audeat, [5]sed in eodem puncto,
quo ad aures eius sonitus pulsantis aduenerit, [6]summa uelo-
citate prosiliens, ne tantum quidem morae interponat, quantum coepti apicis consummet effigiem, [7]sed inperfectas litterae lineas derelinquens, non tam operis conpendia lucraue
f° 67v   sectetur, quam oboe|dientiae uirtutem exsequi toto studio
adque aemulatione festinet. [8]Quam non solum operi manuum
seu lectioni uel silentio et quieti cellae, uerum etiam cunctis
uirtutibus ita praeferunt, [9]ut huic iudicent omnia postponenda
et uniuersa dispendia subire contempti sint, [10]dummodo hoc
bonum in nullo uiolasse uideantur.

[XXXVII] De regulis diuersarum correptionum et emendatione uitiorum

[1]Si quis igitur gillonem fictilem, quem illi uaccalem
nuncupant, casu aliquo fregerit, [2]non aliter neglegentiam
suam quam publica diluet paenitentia, [3]cunctisque in synaxi
fratribus congregatis tandiu prostratus in terram ueniam
postulabit, donec orationum consummetur sollemnitas, [4]in-

---

2 inuitatis   **5** quo ad] quod   **6** cepti   **7** lucrauescetur
8 manum | cumctis   **9** posponenda   **10** uideatur
     XXXVII 1 quem] quae   **2** neglegensiam   **3** postratus |
postulauit   **4** impetraturus

---

     3 suis] e suis | cubilibus   **4** is   **9** contenti
XXXVII: ex Institutionibus Cassiani IIII 16; tit. ex Cap. Inst. IIII 16
tit. XVI *praem.* | et emendatione uitiorum *desunt*   **1** XVI *praem.* |
baucalem

petraturus eam, cum iussus fuerit abbatis iudicio de solo surgere.

⁵Eodem modo satisfaciet, quisquis ⟨ad opus⟩ aliquod | fᵒ 68
accersitus uel ad congregationem solitam tardius occurrerit
⁶aut si decantans psalmum uel modicum titubauerit, ⁷similiter si superfluo, si durius, si contumacius responderit, ⁸si
neglegentius obsequia iniuncta conpleuerit, ⁹si uel leuiter
murmurauerit, ¹⁰si lectionem operi uel oboedientiae praeferens officia statuta segnius fuerit exsecutus, ¹¹si dimissa synaxi non concitus ad cellam recurrere festinarit, ¹²si cum
aliquo uel ad modicum substiterit ¹³uel si ad punctum temporis uspiam secesserit, ¹⁴si alterius tenuerit manum, ¹⁵si cum
illo, qui cellae suae cohabitator non est, confabulari quantulumcumque praesumpserit, ¹⁶si orauerit cum illo qui est ab
oratione suspensus, ¹⁷si parentum quempiam uel amicorum
saecularium uiderit uel conlocutus eis sine suo fuerit seniore,
¹⁸si epistulam cuiusque suscipere, si rescribere | sine suo abba fᵒ 68v
temptauerit. ¹⁹Hucusque et in huiusmodi ac similibus admissis
procedit animaduersio spiritalis.

²⁰Residua uero, quae aput nos indifferenter admissa a
nobis quoque repraehensibilibus sustinentur, ²¹id est aperta
conuicia, manifesti contemptus, contradictiones tumidae, ²²libera et efrenata processio, familiaritas aput feminas, ²³irae,
rixae, simultates et iurgia, ²⁴operis peculiaris praesumptio,
filargyriae contagio, ²⁵affectus adque possessio rerum superfluarum, quae a ceteris fratribus non habentur, ²⁶extraordi

---

5 ad opus *om.*　　**7** si³ *sup. lin.*　　**8** iniuncta] in　　**10** signius
17 seniori　　**19** hucusque] huiusque　　**20** indifferentur　　**21** contemptus] contem *in fine lin.* tus

---

18 cuiuscumque　|　abbate　|　temptarit　　　**20** reprehensibilius naria ac furtiua refectio et his similia, [27]non illa increpatione qua diximus spiritali, sed uel plagis emendantur uel expulsione purgantur.

[XXXVIII] Quam inlicitum sit extra mensam benedictionis communem quidquam cibi potusque gustare

RĒSP̄

f⁰ 69 | [1]Ante quam uel post quam legitimam communemque refectionem summa cautione seruatur, [2]ne extra mensam quidquam cibi paenitus ori suo quisquam indulgere praesumat, [3]ut incedentibus per hortos et pomaria cum passim blandeque per arbores poma pendentia non solum obiciant se pectoribus transeuntium, uerum etiam strata per terram conculcanda pedibus offerant, [4]adque ad colligendum parata facile ad consensum concupiscentiae inlicere ualeant intuentes [5]et opportunitate uel copia quamuis districtos adque abstinentissimos ad sui desiderium prouocare, [6]sacrilegium ducatur non modo quidquam ex his degustare, uerum etiam manu contingere, [7]absque eo, quod palam cunctis in commune reficientibus exhibetur, [8]ad percipiendum oeconomi dispensatione per fra-

f⁰ 69v trum obsequia ministratur. |

XXXVIII tit. r̄sp
3 horto | pectoribus] peccatoribus   **5** quamui   **7** pallam

---

26 furtiua] cibi *add.*
XXXVIII: ex Institutionibus Cassiani IIII 18; tit. ex Cap. Inst. IIII 18
tit. XVIII *praem.* | benedictionis *deest* | potusue | resp *deest*   **1** XVIII
praem.   **6** sacrilegum   **8** ad] et ad | obsequia] publice *add.*

[XXXVIIII] De excommunicatione culparum

RESP DNS

[1]In omnibus supradictis si quis frater contumax aut superbus aut murmurans aut inoboediens frequenter extiterit, [2]et secundum diuinam praeceptionem semel et secundo uel tertio de quouis uitio monitus et correptus non emendauerit, [3]referatur hoc a praepositis abbati, [4]et secundum qualitatem uel meritum culpae perpenset, [5]et tali eum excommunicatione condemnet, ut sciat quia deum contemnit, [6]quomodo dignus est iudicari per contemptum maiori exhibitum, dicente ipso domino doctoribus nostris: *Qui uos audit, me audit, et qui uos spernit, me spernit.* [7]Quae excommunicatio talem habeat meritum.

[XL] Quomodo debeat frater excommunicatus tractari

RESP DNS

[1]Cum suggestum fuerit a praepositis abbati meritum in- f⁰ 70 oboedientis, [2]iam non dicendi filii dei, | sed operarii daemonis,

---

XXXVIIII 2 cf. Mt 18, 15—16   6 Lc 10, 16

XXXVIIII tit. dexcommunicatione | rsp
5 scommunitione   7 quaexcommunicatio
XL 2 operari *a. corr.*

XXXVIIII: ex Regula Magistri XII
tit. interrogatio discipulorum: XII *praem.* | resp] respondit dominus per magistrum   1 in] his *add.* | inoboediens] praepositis suis *add.*
4 et] qui praeest *add.*
XL: ex Regula Magistri XIII tit.—1; 3—5; 8—59; 63—65; 68—75
tit. interrogatio discipulorum: XIII *praem.* | resp dns] respondit dominus per magistrum   2 iam] iam non dicendi fratris sed heretici [legis] *praem.*

³qui dissipando sanctorum factis uelut quaedam scabies est procreata in grege, ⁴conuocet eum abbas, praesentibus suis praepositis uel cetera congregatione circumstante; ⁵talem contra se abbatis audiat uocem:

⁶ «O misera anima, quod responsum datura es, quem per inoboedientiam cottidie inritas, cum accesseris adorare eum? ⁷Quare sub dominio dei seruis potius diabolo? ⁸Quid mentiris Christo alter Iudas? ⁹Ille Iudas iniquitatis pretio iustitiam uendidit, tu christianum nomen laceras malis factis. ¹⁰Ille Iudas per pacem falsam domino scandalum generauit, tu sub nomine sancti seruitii deo magis rebellis existis. ¹¹Ille Iudas falsus tradidit magistrum discipulus, tu sub nomine sancto magis diabolum sequeris christianus.

f° 70 v ¹²Astare enim tibi habet in iudicio nostra monitio uel | tuus spiritus, cui cum propria uoluntate repugnasti, ante tribunal tremendi iudicii, dicens domino: ¹³*„Noluit intellegere, ut bene ageret.* ¹⁴*Iniquitatem meditatus est, astitit omni uiae non bonae, malitiam autem non odiuit,* ¹⁵sed magis *gloriatus est in ea. Potens fuit in iniquitate“.*

¹⁶Cum haec in iudicio audieris, post nostram, simul et ipsius tremendi iudicis audiens uocem dicentis tibi: ¹⁷*„Tu* es

---

XL 7 cf. Mt 6, 24   8 cf. Ps 80, 16   9 cf. Act 1, 18   10 cf. Mt 26, 49   13—14 Ps 35, 4—5   15 Ps 51, 3   17—20 Ps 49, 17—20

---

3 scabies est] scabiest | graege   6 es] est   10 reuellis   11 magistru   12 propriam uoluntatem | repugnanste | iudicii *a. corr.* iudicis *p. corr.*   16 tremendî *pr. m.* (?)

---

3 dissipando] dissimilando   4 abba   5 talem] et interrogati ab abbate praepositi eius quid peccauerit uel quotiens monitus de ipso uitio non emendauerit respondeant quod eum accusant. quo audito uitio *praem.* | abbatis contra se *transp.*   6 es] deo *add.*   7 diabolo] mamonae   9 malis factis] malefactis   12 cum] carne per *add.* | propriam uoluntatem | domine   16 haec] accusatus *add.* | audieris] fueris | audiens] audies

qui *odisti disciplinam et proiecisti sermones meos post te.* [18]*Si uidebas furem, simul currebas cum eo, et cum adulteris portionem tuam ponebas.* [19]*Os tuum abundauit nequitia et lingua tua concinnauit dolum.* [20]*Sedens aduersus fratrem tuum detrahebas et ponebas scandalum.* [21]*Tota die iniustitiam cogitauit lingua tua. Sicut nouacula acuta fecisti dolum.* [22]*Dilexisti malitiam super benig\nitatem, iniquitatem ⟨magis quam loqui aequitatem⟩.* f° 71
[23]*Dilexisti omnia uerba praecipitationis in lingua dolosa.* [24]*Haec fecisti et tacui.* [25]*Extimasti iniquitatem, quod eram tibi similis. Arguam te et statuam illam contra faciem tuam,* [26]*et destruat te deus in finem et euellet te et emigrabit te de tabernaculo, et radicem tuam de terra uiuentium"*.

[27]*Tunc* etiam et omnes *iusti* de gloria et iudicio *uidebunt* te, [28]cum ab eis fueris sequestratus ad sinistram inter hedos, [29]et *super te ridebunt* et ipsi, *dicentes:* [30]„*Ecce homo, qui non posuit deum adiutorium sibi, sed praeualuit in uanitate sua,* [31]et *non fuit timor domini ante oculos eius, quoniam dolose egit in conspectu* eius, [32]et *dixit ut insipiens in corde suo:* [33]*Non requiret deus.* [34]*Auertit faciem suam, ne uideat usque in finem.* [35]Et ignorauit quia *inimici, qui mentiuntur domino, erit tempus eorum in* poenam | *aeternam"*. f° 71v

[36]Quid ad haec dicturus es deo? [37]Quas adferre ei habes miser *excusationes in peccatis,* cum tua te primo inpugnauerint mala et gehenna spectauerit ut incendat?»

21—23 Ps 51, 4—6   **24—25** Ps 49, 21   **26** Ps 51, 7   **27** Ps 51, 8   **28** cf. Mt 25, 33   **29** Ps 51, 8   **30** Ps 51, 9   **31** Ps 35, 2—3   **32** Ps 52, 1; cf. Ps 9, 32   **33** Ps 9, 34   **34** Ps 9, 32   **35** Ps 80, 16   **37** Ps 140, 4

---

19 abundat *a. corr.*   **21** diei | iniustitia   **22** magis *usque* aequitatem *om.*   **23** pracipitationis   **26** emigrauit   **31** dolosae   **35** paena aeterna   **37** indendat *a. corr.*

---

25 existimasti   **26** et¹] ut | tabernaculo] tuo *add.*   **27** de] sua *add.* | et²] in   **30** adiutorem   **31** domini] dei

³⁸Post hanc increpantis uocem ante congregationem
abbatis, statim erigi iubeatur ab oratorio, ³⁹communi mensae
extraneus deputetur, ⁴⁰et cum inimicus dei designatur, non
debet ex illa hora iam fratribus esse amicus. ⁴¹Ideoque ab
hac excommunicationis hora, solo posito et sequestrato ei
aliquo labore propter otiositatem a praeposito suo consignetur.
⁴²In quo labore nullo fratrum coniungatur solacio, nullius
eloquio consoletur. ⁴³Tacito omnium pertranseatur aspectu.
Petenti benedictionem nullus respondeat: «deus». ⁴⁴Quidquid
ei porrigitur, a nullo signetur. ⁴⁵Quidquid uero extra opus
adsignatum peculiariter uel ultro effecerit, dis|pargatur. ⁴⁶Sit
ubique solus et ei sua culpa solacium.

f⁰ 72 (in margin)

⁴⁷Quod si forte propter leuitatem culpae non ei uoluerit
abbas duplicare ieiunia, ⁴⁸si fratres sexta reficiunt, illi ad
nonam horam de uno pulmento et panis cibarissimi fragmen-
tum et aqua a praeposito pro misericordia porrigatur; ⁴⁹si
inculpabiles fratres nona reficiunt, illius supradicta refectio
protrahatur in uesperum, ⁵⁰ut sentiat quid ei malorum culpa
contulit, quid per neglegentiam bonorum amisit.

⁵¹Si quis uero frater aut palam aut absconse cum eo
fuerit aut locutus aut iunctus, communem cum eo excommunicationis contrahat poenam, ⁵²et ab omnibus et ipse reus
⟨sit⟩ et item in alio laboris opere ipse sequestretur, ⁵³et sit
et ipse tam ab illo reo quam ⟨ab⟩ omnibus separatus et solutus,

---

43 cf. Ps 128, 8

---

38 congregatione   **39** mensa   **42** coniungantur | nullius] nullus
45 uel ultro] ueltro *a. corr.*   **48** cibarissimi] cibaris simili *p. corr.* uiba-
ris simili *a. corr.* (*?*)   **49** si] nis   **50** malorum] maiorum   **51** ab-
sconsae | iunctus] iniunctus | paenam   **52** sit *om.*   **53** ab² *om.*

---

41 labore] laboris opere   **45** dispargatur] uel dissipetur *add.*
46 sua] sola   **48** praeposito] suo *add.*   **49** nona] hora *add.*   **51** cum²]
statim cum   **52** et item] atque | sequestretur] a praeposito suo *add.*
53 solutus] solus

et mox ab omnium et ipse alienus eloquio. ⁵⁴Nam non ad
ueniam | maioris et ipse pertineat, nisi paenitentiae similis fᵒ 72v
satisfactio ab eis aequaliter fuerit operata, ⁵⁵illius propter
quod extitit inoboediens in uitio uel peccato, ⁵⁶istius quod
mercedem consolationis tribuit malorum artifici.

⁵⁷Et non ipse ad indulgentiam maioris perueniat, nisi
ante limen oratorii prostratus, lacrimali uoce, interuallo ces-
santium a psalmis horarum, deo et omnibus emendatione
satisfecerit repromissa, ⁵⁸si tamen propter inmanitatem pon-
deris culpae citius uoluerit abbas ueniae consentire, ⁵⁹quod
dictante domino sequens pagina demonstrabit.

⁶⁰Excommunicati uero fratres, si ita superbi extiterint,
ut in duritiam cordis perseuerantes in tertia die hora nona
satisfacere abbati noluerint, ⁶¹custoditi usque necem cae-
dantur uirgis, ⁶²et si placuerit abbati, de monasterio expel-
lantur, ⁶³quia talis uita necessarios non habet | corporales, fᵒ 73
uel societas fratrum quos in anima superba possidet mors.
⁶⁴Nam merito ergo tales debent plagis mactati expelli, qui
esse cum Christo humilitatis domino non merentur, ⁶⁵sed sint
a perpetuis promissis dei cum auctore suo diabolo separati,
qui de caelorum regnis propter superbiam suam deiectus est.

⁶⁶Ergo ad superiorem excommunicationum uel satis-
factionis sensum, ut coepimus, consequamur. ⁶⁷Huius paeni-
tentiae modum ac satisfactionem deum et abbatem credimus
acceptare.

---

64 Phil 1, 23   **65** cf. Apc 12, 7—10

---

54 fuerat *p. corr.*   **57** orarum   **58** citius] citis | uenię
59 demonstrauit   **60** etcommunicati | superui *a. corr.*   **61** cutodi |
cedantur   **63** corporalis   **64** debeant | esse] se | domino] dominio
65 promissi *a. corr.* promisis *p. corr.* | superbia sua   **67** satisfactione

---

56 *post* artifici *tres vv. add.*   **59** *post* demonstrabit *duos vv. add.*
60 duritiam] superbia   **61** usque] ad *add.*   **65** deiectus] proiectus
66 consequamur] prosequamur   **67** huius] ergo huius

8

[XLI] Si oportet eum qui de societate commune, hoc est de congregatione, discesserit, semotum esse et solum, an uero cum fratribus, qui sibi nihil uindicant, sed omnia communia habent, uitam suam sociare?

R̄ĒS̄P̄

[1]In multis utile esse uideo uitam communem ducere cum f⁰ 73v his qui eiusdem uoluntatis sunt ac propositi. |

[2]Primum, quod etiam ad usus corporales uictusque ministerium unusquisque nostrum solus sibi non sufficit, [3]et ideo pro his quae ad ministerium uitae nostrae necessaria sunt, inuicem opera nostra egemus. [4]Sicut enim pes hominis in alio quidem suis uiribus utitur, [5]in alio uero indiget alienos, [6]et sine adiumento ceterorum membrorum nec explere opus suum, nec sufficere suis usibus potest; [7]ita etiam uita solitaria mihi pati uidetur, [8]cum neque quod ei inest utile esse, neque possit adquiri quod deest. [9]Propter hoc autem ne ratione quidem caritatis unumquemque permittit quod suum est quaerere, [10]dicente apostolo: *Caritas non quaerit quae sua sunt.*

[11]Deinde, sed ne culpas quidem suas unusquisque ac f⁰ 74 uitia facile dinoscit, [12]cum qui arguat nemo | sit, [13]et facile

---

XLI 4—6 cf. 1 Cor 12, 15—22   **10** 1 Cor 13, 5

XLI tit. r̄s̄p
2 etiam] et ait | uictusque] uictus uictus *in fine lin.* que   **3** que
4 pes] per   **6** nec¹] ne

XLI: ex Regula Basilii, interrog. III
tit. interrogatio III. quia ostendit nobis sermo periculosum esse cum his qui mandata dei contemnunt uitam ducere nunc discere cupimus *praem.* |
oporteat | de societate *usque* congregatione] ab huiuscemodi consortiis |
qui sibi *usque* habent] eiusdem propositi et eiusdem animi | resp] responsio
2 primo   **4** homini   **5** alienis   **9** nec ratio

huiusmodi homini accedere potest illud quod scribtum est:
¹⁴*Uae soli, quia, si caeciderit, non est alius qui erigat eum.*

¹⁵Sed et mandata a pluribus quidem facilius adimplentur;
ab uno uero, dum unum uidetur ⟨impleri, aliud inpeditur⟩.
¹⁶Ut puta, quomodo solus quis uisitabit infirmum, aut quomodo suscipiet peregrinum? ¹⁷Si uero omnes *corpus sumus
Christi, singuli autem alterutrum membra,* ¹⁸per consonantiam
uelut in unius corporis conpagem in spiritu sancto aptari et
coniungi debemus ad inuicem. ¹⁹Quod si unusquisque nostrum
solitariam eligat uitam, ²⁰scilicet non tali aliqua causa uel
ratione quae deo sit placita, uel quae ad communem ceterorum
pertineat dispensationem, ²¹sed propriae uoluntati et pas-
sioni satisfaciens; ²²quomodo possumus discissi et diuisi adimplere et integram adsignare membrorum ad se inuicem
con|sonantiam? ²³Iste enim talis neque cum gaudentibus f⁰ 74v
gaudet, neque cum flentibus flet. ²⁴Quoniam quidem separatus et diuisus a ceteris nec cognoscere quidem necessitates
poterit proximorum.

²⁵Tunc deinde nec sufficere potes unus ad suscipienda
omnia dona spiritus sancti, ²⁶quia secundum uniuscuiusque
mensuram fidei et donorum spiritalium distributio celebratur:
²⁷quod id quod per partes unicuique distributum ⟨est⟩, rur-
sum tamquam membra ad aedificationem unius corporis
coeat et conspiret. ²⁸*Alii enim datur sermo sapientiae, alii
sermo scientiae,* ²⁹*alii fides, alii prophetia, alii gloria sanitatum,*

---

14 Ecl 4, 10   **17** Rm 12, 5   **23** cf. Rm 12, 15   **25—26** cf.
Rm 12, 6   **27** *per — est,* cf. Act 4, 35 | *membra — corporis,* cf. Eph 4, 12
28 1 Cor 12, 8   **29** 1 Cor 12, 9—10

---

15 impleri aliud inpeditur *om.*   **16** uisitauit   **18** uelut] uel |
coniugi   **22** diuisi] uiuisic | integrum   **23** gaudentibus] dentibus
27 partes unicuique] patres unique | est *om.*   **29** prophetiae *a. corr.*

---

13 accidere   **25** tunc] tum | potest   **29** gloria] gratia et cetera; [30]quae singula utique non tam pro se unusquisque quam pro aliis suscipit ab spiritu sancto. [31]Et ideo necesse est uniuscuiusque gratiam, quam susceperit ab spiritu sancto, in commune prode esse. [32]Accidit ergo ut his qui semotus

f⁰ 75 ui|uit et separatus, unamquamcumque suscipiat gratiam et hanc ipsam inutilem faciat, [33]dum nihil per eam operatur sed defodit eam in semetipso. [34]Quod cuius et quanti sit periculi, nostis omnes qui diligitis euangelium. [35]Si autem ceteris communicat gratiam, perfruitur et ea ipsa proprie quam ipse suscepit, [36]et multiplicatur in eo, dum communicatur et ceteris, [37]et ipse nihilominus fruitur gratia reliquorum.

[38]Habeat autem et alia quam plurima bona communis uita ista sanctorum, quae non est nunc possibile omnia dinumerare. [39]Interim, ut diximus, ad conseruanda sancti spiritus dona conmodior est multo quam si degamus in solitudine, [40]sed et aduersus insidias inimici, quae extrinsecus inferuntur, multo cautior est et utilior societas plurimorum: [41]ut facilius suscitetur e somno, si qui forte obdormierit

f⁰ 75v somnum | illum qui ducit ad mortem. [42]Sed et delinquenti delictum suum facilius apparebit, cum a pluribus uel arguitur uel notatur, [43]secundum quod et apostolus dixit: [44]*Sufficit ei qui huiusmodi est obiurgatio haec quae fuit a pluribus.* [45]Sed et in oratione non paruum emolumentum a plurimis nascitur cum consensu et unianimitate orantibus, [46]*ut ex multorum personis, per gratiam quae in nobis est,* deo *gratiae referantur.*

---

33 cf. Mt 25, 18   **41** cf. Ps 12, 4   **44** 2 Cor 2, 6   **45** cf. Mt 18, 19   **46** 2 Cor 1, 11

---

32 inutilem] utilem   **35** propriae   **37** fruitur] proditur **40** cautior] gaudior   **42** appareuit   **46** per gratia

---

31 sancto] dei | prodesse   **32** is   **34** diligitis] legitis   **38** habet   **41** e *deest* | si quis   **44** huiusmodi] eiusmodi | fuit] fit   **45** plurimis] pluribus | unanimitate

⁴⁷Sed et interdum periculo proxima est uita solitaria.
⁴⁸Primo quidem illi periculo subiacet, quod certe grauissimum
est, in quo ipse sibi placet, ⁴⁹et neminem habens qui possit
probare opus ipsius, uidebitur sibi ad summam perfectionem
uenisse. ⁵⁰Tunc deinde sine ullo exercitio degens, neque quid
sibi uitii abundet, neque quid uirtutis desit agnoscit. ⁵¹Neque
discretionem habere poterit in operum qua|litate, pro eo quod f° 76
operandi materia exclusa sit. ⁵²In quo enim humilitatem suam
probabit, neminem habens cui humilem se debeat exhibere?
⁵³In quo misericordiam demonstrabit, totius consortii et so-
cietatis alienus? ⁵⁴Ad patientiam uero quomodo semetipsum
exercebit, nullum habens qui uideatur eius uoluntatibus
obuiare?

⁵⁵Si quis autem dicat sufficere sibi scribturam et doctrinam et apostolica praecepta ad emendationem uitamque for-
mandam, ⁵⁶similem mihi aliquem facere uidetur eis qui semper fabrile artificium discunt, ⟨numquam tamen fabri faciunt⟩
opus, ⁵⁷uel his qui structuram arte semper docentur, numquam tamen aedificandae domui operam dabunt. ⁵⁸Ecce enim
et dominus non extimauit sufficere solam uerbi doctrinam,
⁵⁹sed opere ipso uoluit nobis tradere humilitatis exempla, cum
praecinctus linteum lauit pedes | discipulorum suorum. ⁶⁰Tu f° 76v
ergo cuius pedes lauabis? ⁶¹Quem curabis officiis? ⁶²Cuius

56—57 cf. 2 Tm 3, 7   59 cf. Jo 13, 4—5

---

52 prouabit   **53** demonstrauit   **56** fabrilem | numquam
usque faciunt *om.*   **57** qui *bis scr.* | docentur] uocentur | aedificandae]
aedificant de | opera   **58** sollam   **59** operi | praecintus   **60** la-
uauis   **61** curabis] cura *in fine lin.* uis

---

50 tunc] tum   **51** exclusa] omnis exclusa   **55** scribturam et]
scripturae | emendationem] morum *add.*   **56** simile | aliquid | eis] his
57 structorum artem   **59** opere] et opere | linteo

inferior aut ultimus eris, cum solus uiuas ? [63] Sed et illud quod dicitur: *Ecce quam bonum est et iucundum habitare fratres in unum,* [64] quod unguento pontificali de capite in barba descendenti sanctus spiritus conparauit, [65] quomodo in solitaria habitatione conplebitur ?

[66] Stadium namque est quoddam, in quo per uirtutis exercitium proficitur, [67] in quo meditatio diuinorum mandatorum et fulgit amplius et clarescit, [68] et communis inter se unanimorum fratrum habitatio: [69] habens in se illam similitudinem et exemplum, quod in Actibus Apostolorum referit de sanctis scribtura diuina, [70] dicens quia *omnes credentes erant in unum et habebant omnia communia.*

[XLII] Item demonstrat quia monachus solitarius esse non debet, | propter multa mala quae ei cito subrepunt

f° 77

RESP

[1] Primumque tractandum est, utrum solus an cum aliis in monasterio uiuere debeas. [2] Mihi placet, ut habeas sanctorum contubernium, [3] nec ipse te doceas et absque doctorem ingrediaris uiam, quam numquam ingressus es, [4] statimque tibi in aliquam partem declinandum sit et errori pateas, [5] plusque aut minus ambules, quam necesse est, [6] ut currens lasseris, moram faciens obdormias. [7] In solitudine cito subripit

---

63 Ps 132, 1   64 cf. Ps 132, 2   70 Act 2, 44

---

62 eri   64 descentis   65 solitari   66 stadium] istadiu
69 quod *bis scr.* | scribturis diuinis
    XLII tit. rsp

---

63 ecce quam *desunt* | est *deest*   64 barbam   67 et fulgit]
effulget   68 et] haec   69 referit] refert
    XLII: ex Epistula Hieronymi CXXV 9
    tit. *deest* | resp *deest*   3 doctore   4 tibi *usque* partem] in partem
tibi alteram   7 subrepit

superbia, ⁸et, si parumper ieiunauerit hominemque non uiderit, putat se alicuius esse momenti, ⁹oblitusque sui, unde quo
uenerit, intus corpore lingua foris uagatur. ¹⁰Iudicat contra
apostoli uoluntatem alienos seruos; ¹¹quod gyla poposcerit,
porrigit manus; ¹²dormit quantum uult, facit quod uoluerit;
¹³nullum ueretur, | omnes se inferiores putat, ¹⁴crebriusque f⁰ 77v
in urbibus quam in cellula est, et inter fratres simulat uerecundiam, qui platearum turbis conditur.

XLII 10 cf. Rm 14, 4

---

14 est et] iste

---

11 gula   **12** uult] uoluerit   **14** conditur] conliditur *deinde*
undecim lineas add.

INDICES

INDEX AVCTORVM

quorum opera ab Eugippio descripta sunt

INDEX SCRIPTORVM

a suprascriptis auctoribus aut ab Eugippio laudatorum

I SCRIPTVRA SACRA

asterisco notantur merae similitudines

Genesis
4, 24 (LXX): 11, 21
22, 1: 18, 14
28, 12: *28, 6

Exodus
20, 12: *1, 140
20, 16: *26, 34

Leuiticus
7, 20 (LXX): 30, 6
19, 14: *26, 10
19, 17 (LXX): 11, 1; *26, 41

Numeri
12, 1—15: *15, 1—2
14, 1—37: *1, 14
19, 22: 30, 7

Deuteronomium
17, 6: *1, 84—92
23, 10—11: 30, 8
32, 7: 28, 69

Josue
7, 1—26: *11, 7—9

1 Regum
2, 12—25: *11, 10—11
2, 24 (LXX): 11, 11
2, 27—4, 17: *11, 12—14
4, 18: *11, 14

3 Regum
22, 17: *18, 25

Judith
7, 20: *28, 38

Psalmi
2, 11: 24, 3

4, 7: 22, 6
7, 10: *18, 70; 28, 14
9, 32: *40, 32; 40, 34
9, 34: 40, 33
12, 4: *41, 41
13, 1: 18, 35; 28, 31
13, 2: *28, 13; 28, 36
13, 3: 28, 37
17, 24: 28, 17
17, 45: 18, 5; 18, 65; 28, 45
21, 7: 28, 64
26, 14: 28, 49
31, 5: 28, 59—60
32, 3—4: 24, 2
33, 15: 27, 21
35, 2: *28, 10
35, 2—3: 40, 31
35, 4—5: 40, 13—14
35, 12—13: 29, 104—105
36, 5: 28, 57
37, 9: 28, 81
37, 10: 28, 32
37, 14—15: 33, 23—24
38, 2—3: 33, 32—33
39, 11: 25, 9
43, 22: 18, 56; 28, 50
46, 8: 24, 4
49, 17—20: 40, 17—20
49, 21: 28, 38; 40, 24—25
50, 17: 22, 8; 22, 15
51, 3: 40, 15
51, 4—6: 40, 21—23
51, 7: 40, 26
51, 8: 40, 27; 40, 29
51, 9: 40, 30
52, 1: 40, 32

6, 12—13: *1, 154
6, 24: *40, 7
6, 25 et 31: 2, 10
6, 33: 2, 12
6, 33—34: *2, 13
7, 3—5: *1, 127
7, 7: *27, 23
7, 13—14: 18, 18
9, 36: *18, 25
10, 22: 28, 48
11, 28—30: 29, 65—66
12, 36: *26, 9
13, 33: *25, 5
15, 8: 24, 9
16, 24: *18, 48
16, 26: *1, 46
18, 6: *18, 36; *28, 30
18, 15—16: *39, 2
18, 15—17: *1, 84—92; 11, 2—4
18, 17: 12, 1
18, 19: *41, 45
18, 35: *1, 133
22, 37—40: *1, 1
25, 18: *41, 33
25, 33: *40, 28
25, 35—36: *2, 25
26, 49: *40, 10
28, 20: 27, 30; 27, 32

Marcus
14, 36: *29, 26

Lucas
6, 30: 2, 24
10, 6: *29, 47
10, 7: 7, 2
10, 16: 6, 3; 18, 6; 18, 64; 27, 33;
    28, 46; 29, 25; 39, 6
11, 9: *27, 23
12, 40: 4, 1
12, 48: 25, 14
14, 11: 28, 1
18, 10—12: *29, 101—102

18, 13: 28, 80
18, 13—14: *29, 110—111
18, 22: *1, 46
22, 25—26: *1, 144

Johannes
1, 9: *26, 19
3, 36: 11, 5
6, 38: 18, 47; 28, 40
11, 52: *1, 31
12, 6: *2, 2
12, 35: *27, 40—41
13, 4—5: *41, 59
14, 6: *29, 93
15, 13: 13, 3
21, 17: 27, 29

Actus Apostolorum
1, 18: *40, 9
2, 42: *27, 43
2, 44: 41, 70
4, 32: *1, 12—13; 1, 31; *1, 32;
    13, 1—2
4, 32 et 35: 1, 34
4, 35: *1, 33; *1, 37; *1, 103; *1,
    112; *41, 27
13, 26: *29, 4

ad Romanos
1, 29: *17, 3—4
1, 29—30: *17, 6—8
6, 14—22: *1, 151
8, 15: 25, 3; *29, 26
8, 17: *27, 43
8, 18: 28, 87
8, 36: *28, 50
8, 37: 28, 51
12, 5: 41, 17
12, 6: *41, 25—26
12, 12: *1, 48
12, 15: *41, 23
13, 1: *26, 4
14, 4: *42, 10
14, 18: *18, 63

II APOCRYPHA

INDEX ORTHOGRAPHICVS

I ASSIMILATIO PRAEFIXORVM

ad + c

accedere *40, 6*
acceptabilis *18, 63*
acceptare *40, 67*
accidere *41, 32*
accipere *1, 18; 1, 49; 1, 62; 1, 64;*
  1, 97; 1, 104; 1, 111; 1, 124; 3, 16;
  7, t; 7, 4; 18, 30; 18, 68; 21, 8;
  25, 3; 29, 64
accurrere *21, 6* — adc- *36, t*

ad + f

affectus *1, 74; 7, t; 25, 12; 28, 63;*
  37, 25
adferre *40, 37*
adficere *18, 56; 28, 50* — aff- *1, 69*
adfligere *26, 16*
adfluere *28, 91*
adfui *21, 8; 21, 11*

ad + m

admiscere *35, 2; 35, 10*
admittere *24, 13; 29, 108; 33, 28;*
  34, 10; 34, 14; 34, 15; 35, 6; 37, 19;
  37, 20
admonere *1, 84; 1, 91; 2, 12; 25, 13;*
  29, 31
admonitio *1, 85*

ad + p

apparere *28, 6; 41, 42*
adpetere *1, 73 (bis); 1, 74 (bis);*
  1, 113; 1, 148; (22, 20); 26, 21
adponere *2, 12; 2, 14*
adprobare *27, 6*

ad + q

adquiescere *4, t*
adquirere *2, 4; 21, 20; 28, t (bis);*
  29, 69; 33, 4; 33, 53; 41, 8

ad + r

arripere *29, 99*
arrogantia *32, 9*

ad + s

adsensus *18, 37*
adsiduus *24, 22*
adsignare *25, 21; 40, 45; 41, 22*
astare *40, 12; 40, 14*
adsumere *4,4; 11, 1; 11, 3*

ad + t

adtendere *29, 58*
adtingere *28, 5*
adtonitus *18, 10*
adtributus *25, 8*

con + l

conlaudare *29, 111*
colligere *33, 44; 38, 4*
conlocare *22, 7* — coll- *24, 13*
conloqui *37, 17*
conloquium *34, 6*
conluctatio *29, 6*

con + m

conmendare *1, 82* — comm- *22, 2;*
  33, 34
conmittere *11, 8; 28, 56; 29, 102;*
  32, 4 — comm- *3, 8; 3, 10; 33, 8*
conmixtio *30, 2*
conmodus *41, 39*

inperfectus *18, 8*; *28, 21*; *36, 7*

imperium *18, 22*; *18, 44*; *18, 46*;
27, 27

inpertire *34, 6*

inpetrare *1, 132*; *35, 4* — imp- *37, 4*

impietas *17, 7*; *28, 60*

implere *1, 27*; *5, t*; *6, 5*; *9, 6*; *18, 68*;
19, 4; *27, 40*

inponere *1, 147*; *18, 26*; *18, 59*;
21, 17; *28, 53*

inproperare *18, 67*

inpudicus *1, 75* (*ter*); *1, 76*

inpugnare *40, 37*

inpugnatio *31, 1*

inputare *18, 70*

in + r

inrogare *28, 47*; *33, 10*; *33, 30*

inritare *33, 40*; *40, 6*

ob + p

opportunitas *38, 5*

oportunus *1, 6*

obprobrium *28, 64*

II PHAENOMENA DIVERSA

Accidentia

add. in fine lineae

1, 148 necessa / sarium

21, 4 reurtan / tantur

28, 111 re / reformidant

om. in fine lineae

1, 85 quicum⟨que⟩

11, 5 sen⟨ten⟩/tia

29, 64 consen⟨timus⟩

om. in fine paginae

1, 74 concu⟨piscentia feminarum⟩

18, 40 quacum⟨que⟩

29, 103 superbia ⟨fuit⟩

Aphaeresis

1, 148 mari (amari)

8, 1 stud (istud)

25, 1 eminere (meminere)

26, 20 peribus (operibus)

27, 6 arabaitarum (sarab.)

28, 10 morem (timorem)

28, 38 spectat (expectat)

29, 112 cumque (quicumque)

33, 28 oboedientem (inoboed.)

39, 5 scommunitione (excommunicatione)

40, 37 spectauerit (expect.)

40, 64 se (esse)

41, 23 dentibus (gaudentibus)

41, 32 utilem (inutilem)

Apocope

1, 141 omni (omnium)

1, 149 qui (quia)

15, 2 ess (esse)

18, 16 quam (quamuis)

23, 3 qui (quia)

25, 6 qui (quia)

26, 1 fide (fidei)

27, 5 ue (uel)

27, 16 capit (capite)

27, 33 dubi (dubio)

28, 11 qui (quid)

28, 66 manda (mandata)

28, 112 ne (nec)

29, 23 qui (quia)

29, 48 qui (quia)

29, 58 mo (morbo)

32, 1 aliquidum (ad liq.)

32, 8 igni (ignita)

34, 23 segrega (segregatus)

36, t celerit (celeriter)

37, 8 in (iniuncta)

40, 61 cutodi (custoditi)

41, 6 ne (nec)

41, 18 uel (uelut)
41, 25 potes (potest)

Asyndeton

1, 148 quamuis (et quamuis)
3, t ferramentorum utensilium
28, 30 docemur . . . prohibemur
29, 54 aegritudo (et aegr.)
31, 7 concupiscentiae (conc. tamen)
32, 6 ignarum (ignarumque)
32, 10 euidens (et euidens)
33, 3 mundi (mundique)
38, 8 ad (et ad)

Attractio

35, 6 in ea . . . quae . . . erit secutura
   sollemnitas (sollemnitate)

Bis scripta

1, 80. 136
18, 5
21, 8
25, 7
27, 43
32, 9
33, 16
41, 2. 57. 69

Consonantes

b omissa aut superflua

1, 46 superior (superbior)
26, 19 uerbum (uerum)
35, 4 sumissa (submissa)

b pro p

1, 52. 82. 108. 153; 13, 1 scriptus
19, 1 scribtores
24, 2; 27, 21; 28, 1. 28. 30. 34. 41.
   48. 52. 57. 68. 71 scribtura
28, 73. 76 scribtum
29, 106 labsu

29, 107 labsus
29, 112 scribturis
33, 46; 34, 5 scriptura
36, 4 scribtoris
41, 13 scribtum
41, 55. 69 scriptura

b pro u

1, 28 bapulet
1, 113 labentur
1, 114 labacrum
1, 152 oblibionem
3, 13; 7, 1 brebis
18, 35 boluntatibus
18, 39 nobas
18, 61. 62 transibimus
27, 8 obibus (ouilibus)
27, 14 girobagorum
28, 10 oblibionem
28, 50 obes
28, 67 octabum
29, 72 uibas a. c.
29, 77 prouabit (probauit)
29, 109 bibit (uiuit)
32, 6 iubenem
33, 3 oblibionem
33, 8 abscultet
33, 13 octabum
33, 44 brebiarium
33, 44 brebitate
34, 1 memorabimus

c omissa aut superflua

1, 41 nec
1, 56 ne
1, 63. 84. 152; 24, 9; 26, 6. 16. 24.
   29. 33 nec
28, 112 ne
29, 9 sic (si)
34, t auct (aut)
34, 12 carcere (carere)
41, 6. 9 ne
41, 59 praecintus

c *pro* qu

29, 45 cocina

d *omissa*

13, 2 quiquam (quidquam)

d *pro* s

2, 6 quid (quis)

d *pro* t

1, 27 adque
1, 90 quando
1, 98 adque
14, 1 inquid
20, t quod
28, 99; 29, 53. 55 adque
30, 1 inquid
33, 10. 34. 51; 34, 16 adque
35, 10 adquem (atque)
36, 7; 37, 25; 38, 5 adque
41, 40 gaudior (cautior)

g *pro* c

41, 40 gaudior (cautior)

gu *pro* g

9, 5 urgueatur
20, 5 urguet
20, 13 urguentibus
22, 11 perurgueat

h *omissa*

18, 12 euiscere (hebescere)
21, 11 retibere (redhibere)
24, 15 redibere (redhibere)
24, 22 anelus
27, 27. 42 scola
28, 92 alantes
28, 98 orrendum
33, 3 orrorem

33, 22 ac
35, 6 oras
36, 4 incoasse
40, 57 orarum

h *superflua*

1, 94 prohiciatur
1, 135 hore
1, 136 cohercendis
3, 3 (bis). 6; 8, 2 his
27, 5. 11 heremus
35, 1; 36, 4; 41, 32 his

k *pro* c

1, 1 karissimi

m *omissa* (*in fine uerbi*)
(*Vide etiam praepositiones*)

3, 10 diligentia
18, 61 aqua
19, 1 diuinina hora
22, 21 aqua
28, 28 uoluntate . . . propria
28, 54 altera
29, 45 cocina
29, 96 ipsa . . . mixta
31, 4 simplice
33, 45 summa
35, 12 praestita
37, 1 quae (quem)
40, 11 magistru
40, 21 iniustitia
40, 67 satisfactione
41, 57 opera
41, 66 istadiu

m *pro* n

33, 12 contemtus (contentus)
33, 19 nam (non)
36, 8 cumctis (cunctis)
36, 9 contempti (contenti)

s *omissa in fine syllabae*

1, 88 potetis (potestis)
30, 4 quoque (quosque)
40, 61 cutodi (custoditi)

s *omissa in fine uerbi*

1, 75 cordi
4, t; 5, t; 13, 3 si qui (si quis)
18, 26 abbati
25, 16 tanta
27, 17 magirare (magis girare)
28, 54 adinplente
28, 56 adueniente
29, 27 meliore
33, 52 uirtute
34, 13 cuncti
34, 18 damnationi
38, 3 horto
38, 5 quamui
41, 41 si qui (si quis)
41, 62 eri

s *pro* t

37, 2 neglegensiam

s *pro* x

28, 38 spectat (expectat)
39, 5 scommunitione (excommunicatione)
40, 37 spectauerit (expect.)

s *superflua*

27, 25 est (et)

s *superflua in fine uerbi*

13, 1 illis
22, 20 ipsis
32, 4 discretionis
34, 10 si quis (qui)

t *omissa aut superflua*

28, 25 est (es)
29, 99 et domandum (edom.)
36, 9 posponenda (postpon.)
40, 6 est (es)

t *pro* d

1, 23. 137. 143; 21, 1 aput
21, 11 retibere (redhibere)
27, 18; 28, 62; 29, 5; 37, 20. 22 aput

x *pro* s

1, 68; 18, 2. 56; 27, 19; 28, 13. 50.
  79 (bis); 29, 20; 40, 25; 41, 58
  extimare

Geminatio consonantium

1, 121 inueccillitate
33, 30 tallionis
34, 10 repperti
36, 4 reppertus
38, 7 pallam (*adu.*)
41, 58 sollam

Haplographia consonantium

3, 10 commitat
33, 17 posessa
37, 22 efrenata
40, 65 promisis

Deperditio ex homoeotel.

1, 33. 65. 75. 79. 100. (146 ?)
3, 5
11, 18
18, 29
21, 14—15
24, 5
28, 65
29, 40
33, 12
34, 13
40, 22
41, 15
41, 56

Dittographia

1, 21 operam monasterii (opera)
1, 36 quia autem (qui)

1, 42 quia ad (qui)
1, 63 nec contingat (ne)
1, 84 nec coepta (ne)
3, 11 facicienda
3, 13 ababbate (abbate)
6, 4 recordationem mandati (recordatione)
18, 9 unono (uno)
18, 26 prouidentes sibi (prouidente)
18, 41 introintroitum (introitum)
21, 6 indiciis (indicis)
24, 9 nec cum (ne cum)
26, 12 iocus stultorum (ioco)
26, 29 nec condemnet (ne)
27, 18 diuersas semper (diuersa)
27, 28 cormmeum
28, 11 animos suos semper (animo suo)
28, 14 semper per (semper)
28, 56. 61. 63. 73. 77 graduum (gradum)
28, 92 admodumodum (admodum)
29, t oboedientiae et (oboedientia)
31, t multasse (multa a se)
32, 3 patefatefacere (patefacere)
33, 41 nonneuenire (non euenire)
35, 1 tertias sexta (tertia)
36, 1 meditationis studium (meditationi)
40, 21 diei iniustitia (die)
41, 64 descentis sanctus (descendenti)

Haplographia

1, 18 constitum (constitutum)
1, 107 nullus ibi (sibi)
2, 5 quid (quidquid)
2, 25 deris (dederis)
8, 2 siuetus (siue uetus)
17, 11 gehenna merentur (gehennam)
18, 15 qua ergo (quae)
18, 46 cenobis (-biis)

18, 49 abbati sollicitudine (abbatis)
18, 59 homine super (homines)
21, 1 qui nocturnis (qui in noct.)
21, 4 humilitatisfactio (humilitatis satisfactio)
22, 23 qua excommunicationis (quae)
24, 14 quintus (qui intus)
25, 19 ratiocinis (-iis)
27, t coenobis (-iis)
27, 17 magirare (magis girare)
27, 42 seruiti (-tii)
28, 56 mala se (mala a se)
29, 16 terramare (terram mare)
29, 112 quia cumque (quia quicumque)
30, 1 quaest (quae est)
31, t multasse (multa a se)
31, 3 concupiscentia moueatur (concupiscentiam)
33, 23 sum (suum)
33, 30 sinrogantur (si inr.)
34, 8 substisse (substitisse)
34, 19 cuille (cui ille)
35, 6 postres (post tres)
36, 8 manum (manuum)
39, t dexcommunicatione (de exc.)
39, 7 quaexcommunicatio (quae exc.)
40, 3 scabiest (scabies est)
40, 39 mensa extraneus (mensae)
41, 65 solitari habitatione (solitaria)

Influxus uerborum uicinorum

1, 15 patrem suum honorem (honorent)
1, 25 pro anima (animae)
1, 129 obiectum (obiectu) aliquem
1, 135 quae si emissae (emissa)
1, 144 potestatem (potestate) dominantem
18, 11 multis (multum) in diuersis
18, 26 sibi soli abbati (abbatis)
19, 1 scribtores litteras (litteram)

21, 19 occupatus (frater qui pro utilitate monasterii occupatur)

22, 5 continentiae circum labia mea (circumstantiae labiis meis)

22, 7 ibidem (ibi)

22, 8 silere (tacere)

24, 2 dei (domini)

24, 3. 4 iterum (item)

24, 8 emigret (demigret)

25, 19 aliis (alienis)

26, 13 ac (et)

26, 21 fraude alienus (a fraude procul)

26, 32 alteram (alienam)

27, 17 girare (ambulare)

27, 19 extimantes (existim.)

28, 15 de (a)

28, 26 extrema (postremis)

28, 29 iterum (item)

28, 30 uidentur (putantur ab)

28, 41 iterum (item)

28, 39. 47 caeli (caelesti)

28, 54 alteram (aliam)

28,79 extimet . . . extimet (existi-mans . . . existimet)

28, 81 nimis (usquequaque)

28, 107 digestationem (digestionem)

29, 30 demonstratur (monstratur)

29, 44 perturbatio (conturbatio)

29, 50 si (cum)

29, 75 quia (quasi)

29, 83 prohibete (cohibete)

29, 103 quidquid (quod)

32, 5 probauerit (pronuntiauerit)

32, 9 fratrem (iuniorem)

33, 2 inquiritur (adquiritur)

33, 22 perducere (perdurare)

33, 45 ascendere (scandere)

34, 17 apostoli sententiam (apostolum)

34, 21 nutriat (enutriat)

36, t adcurrendi (occurrendi)

36, 3 cubiculis (cubilibus)

40, 7 diabolo (mamonae)

40, 16 audieris (accusatus . . . fueris)

40, 25 extimasti (existimasti)

40, 30 adiutorium (adiutorem)

40, 31 domini (dei)

40, 41 labore (laboris opere)

40, 52 et item (atque)

40, 60 duritiam (superbia)

40, 65 deiectus (proiectus)

40, 66 consequamur (prosequamur)

41, 31 spiritu sancto (sp. dei)

Syllabae superfluae

5, 3 addidicit (addit)

11, 13 fidiliis (filiis)

19, 1 diuinina (diuina)

29, 36 simplicitatem (simplicem)

38, 3 peccatoribus (pectoribus)

40, 48 cibarissimili (cibarissimi)

40, 51 iniunctus (iunctus)

40, 53 solutus (solus)

Syncope

1, 73 prohibeni (prohibemini)

1, 74 adpetur (adpetitur)

1, 115 eam (etiam)

1, 136 moribus (minoribus)

9, 3 litis (licitis)

18, 22 peculiater (peculiariter)

18, 28 iudio (iudicio)

21, 10 locus (locutus)

25, 3 acceptis (accepistis)

25, 12 terribus (terroribus)

25, 16 ipsam (ipsarum)

26, 21 solique (solidique)

27, 8 obibus (ouilibus)

27, 28 ouibus (ouilibus)

28, 4 ablactum (ablactatum)

28, 21 ore (opere)

28, 67 humilis (humilitatis)

29, 53 fragitatem (fragilitatem)

29, 94 cruari (cruciari)
29, 97 exercitio (exercitatio)
30, t castis (castitatis)
30, 6 saluris (salutaris)
31, t gradus (gradibus)
31, 6 inlecebris (-osis)
33, 38 factionis (-onibus)
35, 6 secura (secutura)
36, 7 lucrauescetur (lucraue sectetur)
39, 5 scommunitione (excommunicatione)
41, 27 unique (unicuique)
41, 64 descentis (descendenti)
42, 14 conditur (conliditur)

Varia

1, 33 uictum (*nom.*)
11, 9 illud . . . interitum
24, 15 talem officium
25, 9 salutarem tuum
28, 54 percursi (percussi)
29, 89 feret (fert)
37, 18 abba (*abl.*)
41, 69 referit (refert)

Verba mira aut rara

27, 3 monachoritarum
28, 107 digestationem
29, 1 saeculariter
32, t destipare
36, t consonitum

Vocales

a omissa

36, 5 quod (quo ad)

a pro ae

18, 55 quaque (quaeque)
34, 11 prauaricatores
40, 23 pracipitationis

a pro e

2, 20 cellararius (celler.)

22, 8 aparies (aperies)
29, 55 ista (iste)

a pro i

24, 6 diuinatatem (diuinit.)

a pro o

1, 4. 5. 7. 8. 9 antifana
33, 19 nam (non)

ae pro e

1, 21. 22 sollicitae
1, 29 piae
1, 53 aesce
1, 93 praesbyteri
1, 98 depraehenditur; praesbyteri
1, 141 praesbytero
1, 142 praecipuae
1, 143 praesbyterum
3, 2 aemonumenta (emolumenta)
3, 8 praecipuae
18, 18 congruae
18, 32 perfectae
18, 63 trepidae; tepidae; tardę
18, 70 tristae
20, 7 repraehendat
21, 20 tacitae
22, 21 depraehensus
24, 5 moderatae
25, 21 sanctae
28, 9 certissimae
28, 47 tacitae
28, 56 absconsae
28, 96. 98 paenitus
28, 98 deformae
28, 106. 108 aesca
29, 105. 106 caeciderunt
29, 107 caecidit
32, 2; 33, 29 paenitus
33, 43 tenacissimae
34, 4 paenitus
34, 8 praecipuae

34, 9 depraehendantur
34, 15 publicae
34, 19 uoluntariae
37, 20 repraehensibilibus
38, 2 paenitus
40, 3 graege
40, 31 dolosae
40, 51 absconsae
41, 14 caeciderit
41, 35 propriae

ae pro o

1, 20. 77 haec (hoc)
33, 13 praenuntiet (pro-)
35, 9 praecumbant (pro-)

ae pro oe

29, 19 quaeperis (coeperis)
40, 35 paena
40, 51 paenam

e *omissa*

1, 90 detrius (deterius)
11, 13 extinguretur (extingueretur)
30, 8 egreditur . . . regreditur
   (egredietur . . . regredietur)

e *pro* a

1, 22 ement (-ant)
1, 131 seniores (saniores)
8, 1 dere (dare)

e *pro* ae

1, 53 aesce (-ae)
1, 68 extiment
1, 99 ledantur
1, 113 munde
1, 115 medicine
1, 129. 130. 131 ledere
3, 16 poene
10, t opere
11, 18 emulationem

12, t penitet
17, t erugo
18, 2. 56 extimare
20, 6 ipse
27, 18 tedia
27, 19; 28, 13. 50. 79 (bis); 29, 20
   extimare
29, 56 egrotus
29, 58. 59 (bis) inherere
33, 43 inherere
37, 1 quem (quae)
40, 25 extimasti
40, 28 hedos
40, 61 cedantur
41, 3 que (quae)
41, 58 extimauit

e *pro* ea

1, 42 habent (habeant)

ea *pro* e

2, 3 debeat (debet)
40, 64 debeant (debent)
41, 38 habeat (habet)

e *pro* i

1, 80 ille (illi)
3, 3 contemnet (-it)
18, 27 ambulare (-i)
20, 8 ambulare (-i)
27, 29 Iohannes (-is)
28, 109 sapet (-it)
29, 90 ingemescat
29, 96 bibet (-it)
40, 12 repugnanste (repugnasti)
41, 13 accedere (accid.)

e *pro* o

1, 138 iuste (iusto)

e *pro* oe

18, 46 cenobis (coenobiis)
36, 6 cepti (coepti)

i *omissa*

1, 100 uestario (uestiario)
4, 3 artificum (artificium)
11, 20 perniciosus (-sius)
15, 2 Mose (Moyse)
19, 1 artfices (artifices)
25, 19 ratiocinis (-niis)
28, 64. 66; 29, 110 humilare
  (humiliare)
30, 8 somno (somnio)
40, 42 nullus (nullius)

i *pro* e

1, 79 uideri (uidere)
1, 138 beniuolentia (bene-)
18, 12 euiscere (hebescere)
28, 26 pinnas
28, 111 diliciae (del-)
37, 10 signius (segnius)
37, 17 seniori (-e)
40, 63 corporalis
41, 59 operi (opere)
41, 67 et fulgit (effulget)
42, 7 subripit (subrepit)

i *pro* u

26, 35 timorem (tumorem)
34, 24 dissimilanter (dissimulanter)

i *superflua*

1, 6 somnium (somnum)
40, 64 dominio (domino)

o *pro* a

18, 39 colles (calles)
26, 20 notet (natet)

o *pro* e

2, 24 potenti (petenti)
29, 65 onorati (onerati)

o *pro* u

13, 2 commonia (-munia)
18, 25 occursuros (-rus)
27, 6 tonsora (-sura) *a. c.*
27, 33 aedificaturos (-rus)

o *superflua*

1, 134 duorioribus (durioribus)

u *omissa*

1, 154 Agustini (Aug-)
40, 58 citis (citius)

u *pro* b

1, 21 exaceruant
1, 112 praeueatur
1, 115 iuuente
1, 119 ualneas
1, 121 inueccillitate
1, 131 deuita
1, 146 praeuens *a. c.*
1, 154 deuitum
15, t obseruauimus
17, 2 superuia *a. c.*
18, 8 iuuentis
18, 12 euiscere (hebescere)
18, 13 conuinata
18, 21 uini
26, 19 ciuo
27, 19 coenouitarum
29, 74 ciui
29, 77 prouabit (probauit)
29, 102 uis
33, 38 caenouio
35, 8 praeuetur
37, 1 uaccalem (baucalem)
37, 3 postulauit
40, 10 reuellis
40, 26 emigrauit
40, 59 demonstrauit
40, 60 superui *a. c.*
41, 16 uisitauit

41, 42 appareuit
41, 52 prouabit (probabit)
41, 53 demonstrauit
41, 60 lauauis
41, 61 curauis

u *pro* o

3, 15 custus (-tos)
9, t monasterium (-io)
18, 10 imitandus (-dos)
18, 27 tunsurae
18, 32 securus (-ros)
18, 61 testimonium (-io) *p. c.*
26, 12 iocus (ioco)
33, 13 octabum (octauo)
33, 15 decimum (decimo)

u *superflua*

18, 63 dulcius (dulcis)
34, 12 potuerunt (poterunt)

III NOTABILIA

aemulatio *36, 7* — emul- *11, 18*
aegrotus *29, 54. 55. 57* — egr- *29, 56*
angariare *28, 54*
artifex *25, 21; 40, 56* — artf- *19, 1*
artificium *10, t; 41, 56* — artificum
4, 3
augustus *1, 9* — Agustinus *1, 154*
auscultare *33, 30* — absc- *33, 8*
binus *27, 8* — uinus *18, 21*
cellararius *2, 20* — cellarius *2, t.*
9. 16. 17
cellarium *1, 122. 123*
cibus *1, 56; 29, 45; 38, t. 2* — ciuus
26, 19; 29, 74
coenobita *27, 2* — coenou- *27, 19*
coenobium *27, t* — cenob- *18, 46* —
caenou- *33, 38*
coepi *1, 84; 35, 1; 40, 66* — cepi *36, 6*
(quaeperis = coeperis *29, 19*)
condemnare *16, 1; 26, 29; 39, 5* —
condam- *25, 18*

constitutus *1, 30. 48. 50. 111. 151;*
18, 60; 20, 12 — constitus *1, 18*
contemptus *3, 3; 33, 3. 4. 48; 36, 9;*
39, 6 — contemt- *37, 21*
contentus *28, 61* — contemt- *33, 12*
cunctus *33, 13; 34, 13* — cumct- *36, 8*
custodire *1, 83 (bis); 2, 19; 22, 11;*
28, 12. 84. 114 — cutod- *40, 61*
delicia *28, 95* — dilic- *28, 111*
elemosyna *2, 22. 23*
emolumentum *41, 45* — aemonum-
3, 2
esca *7, 5* — aesca *1, 53; 28, 106. 108*
fantasma *31, 6*
finctus *29, 35* — fictus *32, 1*
fictilis *37, 1*
girouagus *18, 20* — girob- *27, 14*
grex *18, 25; 25, 8* — graex *40, 3*
guila *2, 1* — gyla *42, 11*
heremus *27, 5. 11*
hora *1, 11. 48. 50. 54. 124 (bis); 19,*
t. 1; 20, 12; 22, 2. 20; 28, 10. 12.
13 (bis). 37 (bis). 79; 35, 12; 40, 40.
41. 48. 60 — ora *35, 6; 40, 57*
horrere *11, 9* — orrere *28, 98;* orror
33, 3
humiliare *1, 41; 28, 1 (bis). 8. 81* —
humilare *28, 64. 66; 29, 110*
ilico *18, 38*
iubere *18, 63. 69; 21, 17; 24, 5; 25, 4;*
27, 38; 29, 77; 40, 38 — iuu-
1, 115; 18, 8
lauare *41, 59. 60* — lab- *1, 113. 114*
Moyses *11, 20; 15, 2* — Moses *15, 2*
neglegentia *2, 18; 3, 3. 4; 21, 12. 20;*
35, 4. 7; 37, 8; 40, 50 — neglegen-
sia *37, 2*
nosse *2, 5* — nostis *41, 34* — nouerim
1, 109; 2, 7 — norunt *10, t* —
nouit *1, 138; 28, 88*
nouus *7, 2; 11, 6; 18, 26* — nob-
18, 39

Corpus Scriptorum Ecclesiasticorum Latinorum
editum consilio et impensis Academiae Scientiarum Austriacae

Vol. 66/2: **Hegesippi** qui dicitur Historiae libri V. Pars posterior: Praefationem Caroli Mras et indices Vincentii Ussani continens. 1960 (L. 204 pp.)

[1]) Vol. 71: **Cassiodorus-Epiphanius.** Historia ecclesiastica tripartita. Rec. W. Jacob. Ed. R. Hanslik. 1952 (XX. 766 pp.)

[1]) Vol. 72: **Arator.** De actibus apostolorum. Rec. A. P. McKinlay. 1951 (LXIV. 363 pp.)

Vol. 73: **Ambrosius.** Opera. Pars VII: Explanatio symboli. De sacramentis. De mysteriis. De paenitentia. De excessu fratris. De obitu Valentiniani. De obitu Theodosii. Rec. P. O. Faller. 1955 (XVIII. 125*. 443 pp.)

[1]) Vol. 74: **Augustinus.** Opera. Sect. VI, Pars III: De libero arbitrio libri tres. Rec. G. M. Green. 1956 (XXII. 164 pp.)

Vol. 76: **Tertullianus.** Opera. Pars IV: Ad martyras. Ad Scapulam. De fuga in persecutione. De monogamia. De virginibus velandis. De pallio. Opera Aemilii Kroymann usus ed. V. Bulhart. — De paenitentia. Ed. Ph. Borleffs. 1957 (LIX. 170 pp.)

Vol. 77: **Augustinus.** Opera. Sect. VI, Pars IV: De magistro. Rec. et praefatus est G. Weigel. — Pars V: De vera religione. Rec. et praefatus est G. M. Green. 1961 (LX. 140 pp.)

Vol. 78: **Ambrosius.** Opera. Pars VIII: De fide libri V (Ad Gratianum Augustum). Rec. P. O. Faller. 1962 (XV. 60*. 331 pp.)

Vol. 79: **Ambrosius.** Opera. Pars IX: De spiritu sancto libri III cum Epistula Gratiani Augusti. De incarnationis dominicae sacramento liber I. Rec. P. O. Faller. 1964 (XVIII. 69*. 344 pp.)

Vol. 80: **Augustinus.** Opera. Sect. VI, Pars VI: De doctrina christiana libri IV. Rec. et praefatus est G. M. Green. 1963 (XXIX. 205 pp.)

Vol. 81/1: **Ambrosiastri** qui dicitur Commentarius in epistulas Paulinas. Pars I: In epistulam ad Romanos. Rec. H. J. Vogels. 1966 (LVI. 503 pp.)

Vol. 81/2: **Ambrosiastri** qui dicitur Commentarius in epistulas Paulinas. Pars II: In epistulas ad Corinthios. Rec. H. J. Vogels. 1968 (VIII. 320 pp.)

Vol. 81/3: **Ambrosiastri** qui dicitur Commentarius in epistulas Paulinas. Pars III. Rec. H. J. Vogels. 1969 (VII. 408 pp.)

Vol. 82/1: **Ambrosius.** Opera. Pars X: Epistulae et acta. Tom. I: Epistularum libri I—VI. Rec. P. O. Faller. 1968 (V. 241 pp.)

Vol. 83/1: **Marius Victorinus.** Opera theologica. Ed. P. Henry—P. Hadot. 1971 (XLII. 305 pp.)

Vol. 84: **Augustinus.** Opera. Sect. IV, Pars I: Expositio quarundam propositionum ex epistula ad Romanos. Expositio in epistulam ad Galatas. Expositio ad Romanos inchoata. Ed. J. Divjak. 1971 (XXXIII. 258 pp.)

Vol. 85/1: **Augustinus.** Opera. Sect. VIII, Pars IV: Contra Iulianum opus imperfectum. Tom. I: Libri I—III. Ed., post E. Kalinka, M. Zelzer. 1974 (XLIV. 506 pp.)

Vol. 87: **Eugippius.** Regula. Rec. F. Villegas — A. de Vogüé. 1976. (XXVII. 115 pp.)

Praeparantur:

Vol. 82/2: **Ambrosius.** Opera. Pars X: Epistulae et Acta. Tom. II: Epistularum libri VII—IX. rec. P. O. Faller, liber X, Epistulae extra collectionem, Acta: rec. M. Zelzer

Vol. 85/2: **Augustinus.** Opera. Sect. VIII, Pars IV: Contra Iulianum opus imperfectum. Tom. II: Libri IV—VI. Ed., post E. Kalinka, M. Zelzer

Vol. 86: **Boethius.** Opuscula sacra. Ed. E. K. Rand

Vol. 75: **Benedicti Regula.** Ed. altera et correcta, rec. R. Hanslik

Vol. 88: **Augustinus.** Epistulae nuperrime inventae, rec. J. Divjak

---

1) Hoc tempore exhaustum est.